sweet
&
salty

ANDREA MARTENS JO KIRCHHERR

sweet & salty

FRÜHSTÜCK FÜR DEN GANZEN TAG

Waffeln, Toasts und andere schnelle Kleinigkeiten

AT VERLAG

AT Verlag, Aarau und München
Lektorat: AT Verlag
Fotos: Jo Kirchherr, www.jokirchherr.com
Grafische Gestaltung und Satz: Andrea Martens, www.gutforfood.de
Bildbearbeitung: Andrea Martens
Druck und Bindearbeiten: Printer Trento, Trento
Printed in Italy

ISBN 978-3-03800-943-6

www.at-verlag.ch

Inhalt

FÜR ALLE NACHTSCHWÄRMER UND SPÄTAUFSTEHER. FÜR ALLE, DIE FREIE TAGE ZELEBRIEREN. FÜR ALLE, DIE DAS LEBEN UND DEN GENUSS LIEBEN. SO WIE WIR.

Warum Sweet and salty?

Die erste Begegnung mit dieser Geschmackspaarung hatte ich wahrscheinlich mit sechs Jahren. Eine große Fast-Food-Kette hatte gerade eine Filiale bei uns in der Nähe eröffnet, und meine Oma ging mit mir nach der Schule dorthin. War ja was Neues. Ich glaube, sie war selbst neugierig, wie es da wohl schmecken würde.
Sie war eigentlich immer neugierig auf anderes Essen, das nicht aus Deutschland kam. Dabei war sie eine echte Fränkin.

Jedenfalls gab es in dem besagten Restaurant Hühnchen mit verschiedenen Saucen. Barbecue, Curry und Honig. Ja, Honig.
Pur. Es war mein absolutes Lieblingsessen. Wann immer ich als Kind die Gelegenheit hatte, dieses Gericht zu bestellen, orderte ich Honig dazu. Das war wohl der Grundstein zu meiner Vorliebe für Geschmacksgegensätze. Weiter ging es mit meinem Sonntagsfrühstücksritual. Das war Jahre später, als ich meine erste Wohnung hatte und es am Wochenende abends auch mal spät wurde. Ein Brot mit Käse und Erdbeermarmelade. Das brachte mich dann am nächsten Tag schnell wieder auf die Beine.

Und wenn ich zurückdenke, hat wahrscheinlich auch der »Toast Hawaii« einiges dazu beigetragen, dass dieses Buch entstanden ist. War er doch die Lieblingsspeise bei jeder unserer Familienfeiern. Die Cocktailkirsche war mir immer das Wichtigste daran ...

Gegensätze machen das Leben erst richtig bunt…

Das ist wie bei Menschen. Gegensätze erzeugen Spannung. Auf der Zunge, im Kochtopf und auf Bildern. Gegensätze überraschen manchmal und lassen einen doch immer wieder an die Vereinbarkeit glauben. Wie heißt es doch? Gegensätze ziehen sich an. Wir wissen, dass es stimmt. Nahezu magisch finden Bacon und Schokolade, Ei und Ahornsirup, Karamell und Meersalz zusammen. Und das Gute daran ist, dass man sich für ein bestimmtes Essen nicht mehr für eine bestimmte Tageszeit entscheiden muss.

Sweet and salty geht einfach immer. 9 Uhr, gerade aufgestanden? Wie wäre es mit einem Toast-Muffin mit Ei? Spät geworden gestern? Leider schon 15 Uhr? Macht nichts. Eine Waffel mit Merguez bringt jeden wieder auf die Beine. Lust auf ein gemeinschaftliches Frühstück-Mittag-Abendessen mit der WG? Kein Ding, bei Sweet and salty ist echt für jeden etwas dabei. Auch für Veganer. Wir haben es mit Freunden und Familie ausprobiert.

Fotograf Jo Kirchherr und ich haben unsere ganze Leidenschaft für gute Rezepte und gute Bilder in dieses Buch gepackt. Es war ein Herzensprojekt. Wir hatten eine Menge Spaß mit diesen (teils auch ungewöhnlichen) Kreationen. Alle Rezepte sind so konzipiert, dass man sie meistens sehr schnell zubereiten kann. Wäre ja nicht so toll, sich schlaftrunken ans Werk zu machen und erst zwei Stunden am Herd stehen zu müssen. Fast verhungern, bevor es losgeht? Nein, es geht wirklich einfach und schnell. Die Rezepte, die mehr Zeit benötigen, sind speziell gekennzeichnet. Manche kann man am Tag vorher anfangen und braucht sie dann nur noch fertigzustellen.

Vegane und von Natur aus laktosefreie Rezepte sind ebenfalls gekennzeichnet. Menschen mit Laktoseintoleranz sind aber meist sowieso Meister der Improvisation. So können eigentlich alle Rezepte gut mit laktosefreien Produkten zubereitet werden.

Da wir von »Frühstück« reden, haben wir übrigens ein Kapitel mit Waffeln eingebaut. Ein Waffeleisen wäre dafür natürlich nicht schlecht. Sonst benutzen wir für unsere Rezepte immer einen Umluftherd. Wer keinen hat und mit einem normalen Backofen arbeitet, rechnet einfach 20 Grad Celsius zu unseren Angaben dazu. Und bei einem Gasofen gilt die entsprechende Temperaturstufe nach der Beschreibung des Herstellers.

UND NUN LOS! DIE GESCHMACKSKNOSPEN WARTEN. ES GIBT VIEL ZU ENTDECKEN.

ANDREA UND JO

RAUS AUS DEN FEDERN UND RAN AN DEN HERD!

ACH JA, NOCH ZWEI DINGE:

Zucker ist böse … na ja, nicht generell

Das Buch soll keinesfalls zum übermäßigen Zuckerkonsum aufrufen, davon sind wir selbst weit entfernt. Es geht uns eher um den Genuss. Darum, sich selbst und anderen ab und zu etwas Gutes zu tun.

Im Vordergrund steht das Selbermachen und einfache verblüffende geschmackliche Effekte. Natürlich sollte man nicht jeden Tag sein Sandwich literweise mit Honig oder Sirup übergießen. Das versteht sich von selbst. Aber in Maßen macht es einfach Spaß, mal beide Augen zuzudrücken. Und letztlich hat es jeder auch selbst in der Hand, wie »sweet« er isst.

Eine gute Alternative zu industriell hergestelltem Zucker ist übrigens Kokosblütenzucker. Er hat einen niedrigen glykämischen Wert. Der Blutzucker steigt dadurch nicht so schnell an wie von Haushaltszucker. Zudem schmeckt er wunderbar karamellig. Das passt sehr gut zu vielen Gerichten in diesem Buch. Probieren Sie es aus, und tauschen Sie ihn einfach mal gegen den Haushaltszucker im Rezept aus. Für den besonderen Geschmack verwenden wir im Buch natürlich auch Ahornsirup und Agavendicksaft, den Veganer oft bevorzugen. Unsere selbstgemachten Sirups sind alle mit gewöhnlichem Haushaltszucker hergestellt. Aber entscheiden Sie selbst, welche Variante von Zucker zum Einsatz kommen soll und tauschen Sie sie einfach aus.

Man soll nicht so viel Salz essen … stimmt auch nicht generell

Für die meisten Zubereitungen in diesem Buch verwenden wir ein traditionelles, handgeerntetes Meersalz, fein bis mittelfein gemahlen. Es ist leichter löslich als maschinell geerntetes Salz und enthält mehr Mineralien und Spurenelemente.

Zum Bestreuen am Tisch sind die zarten Salzblüten des Fleur de Sel natürlich die absolute Königsklasse. Sie schmelzen sichtbar auf warmen Oberflächen und sind nicht so salzig im Geschmack. Zum Kochen sind sie allerdings viel zu schade. Auch beim Salz gilt die Devise, dass die Menge und die Häufigkeit darüber entscheiden, ob schädlich oder nicht. Die meisten Menschen essen generell zu salzig. Wobei sich die Experten mittlerweile streiten, wie viel zu viel ist und was das für Auswirkungen hat. Allerdings ist es richtig, dass zu viel Salz oft durch industriell hergestellte Lebensmittel aufgenommen wird. Denn diese enthalten meistens viel verstecktes Salz.

Wenn man aber selbst am Herd steht, hat man es in der Hand, wie »salty« man isst. Die angegebenen Mengen sind als Richtwerte anzusehen. Es ist ja auch Geschmackssache. Und wie gesagt, der Genuss steht für uns im Vordergrund, und wenn man ihn zelebriert, ist es auch völlig in Ordnung, mal den Pfad der Tugend zu verlassen. Seien wir mal ehrlich, gerade das macht doch am meisten Spaß …

Den Mixer mit all den leckeren Sachen füllen, einschalten und er macht:

YEAH!

Smoothies und Bowls

10 Minuten
2 Portionen

1 sehr reife Kaki, geviertelt
2 mittelgroße Strauchtomaten, geviertelt
½ rote Paprika, entkernt
200 ml Apfelsaft
1 Prise frisch gemahlener schwarzer Pfeffer
1 Prise Meersalz
1 TL Olivenöl
Minze zum Garnieren

Good Morning Smoothie

MIT KAKI UND TOMATE

Kaki, Tomaten und Paprika im Standmixer mit dem Apfelsaft bei hoher Geschwindigkeit mixen, bis eine glatte Masse entstanden ist. Mit Pfeffer und Salz abschmecken, das Olivenöl zugeben und nochmals kurz aufmixen. In Smoothiegläser füllen und mit einem Minzeblatt dekorieren. Der Tag kann kommen!

Green Smothie

MIT ANANAS UND MANGO

10 Minuten
2 Portionen

100 g Jungspinat
2 getrocknete Tomaten
50 g frische Ananas, in Stücke geschnitten
50 g Mango, gewürfelt
100 g Naturjoghurt
1 Prise frisch geriebene Muskatnuss
1 Prise Meersalz
Thymian zum Garnieren

Spinat, getrocknete Tomaten, Ananas, Mango und Joghurt in den Standmixer geben und bei hoher Geschwindigkeit mixen, bis eine glatte Masse entstanden ist. Mit Muskatnuss und Salz abschmecken und nochmals aufmixen. Ab damit in die Gläser und mit Thymianblättchen garnieren.

Übrigens: Der Mythos des extrem eisenreichen Spinats beruht auf einem Irrtum, der sich bis heute hartnäckig hält. Bei der in alten Nährwerttabellen angegebenen Eisenmenge handelt es sich tatsächlich um einen Druckfehler. Spinat ist aber trotzdem ein Superfood.

Er enthält zahlreiche Vitamine und Antioxidantien. Und kombiniert mit süßem Obst schmeckt er in diesem grünen Smoothie superlecker.

LÖFFEL, JO! WIR BRAUCHEN LÖFFEL :)

Smoothie Bowls – der neueste Food-Trend. Sie werden aus der Schale gelöffelt und erobern zurzeit die Frühstückstische. Das Besondere daran sind die verschiedenen Toppings. Je nachdem, wofür man sich entscheidet, versorgen sie den Körper besonders mit Eiweiß, Vitaminen oder Kohlenhydraten. Und mit frischen Früchten kommt Farbe auf die Bowls.

EINFACH AUSPROBIEREN UND DIE LIEBLINGSTOPPINGS FINDEN!

Green Bowl

MIT KARAMELLISIERTEN ZWIEBELN UND PARMASCHINKEN

---

15 Minuten
2 Portionen

3 EL Chiasamen
50 ml Mandelmilch
4 Scheiben Parmaschinken
1 TL Puderzucker
½ TL Zimt
1 rote Zwiebel, in Ringe geschnitten
1 TL Butter
1 TL Rohrohrzucker
½ Bio-Salatgurke, in Stücke geschnitten
200 g Honigmelone, in Stücke geschnitten
½ Avocado, entsteint
100 g Magerquark
½ TL Meersalz
1 TL Kokosblütenzucker
4 Basilikumblätter, grob zerkleinert
1 Scheibe Vollkornbrot, zerbröselt

1 Den Backofen auf 200 Grad vorheizen. Die Chiasamen mit der Mandelmilch vermischen und 10 Minuten quellen lassen. Den Parmaschinken auf ein mit Backpapier belegtes Blech legen, mit Puderzucker und Zimt bestreuen und für etwa 10 Minuten in den Ofen schieben. Der Zucker soll karamellisieren.

2 Die Zwiebel in der Butter glasig andünsten. Wenn sie zu bräunen beginnt, den Rohrzucker unterrühren und kurz karamellisieren lassen.

3 Salatgurke, Melone und Avocado im Standmixer bei hoher Geschwindigkeit mixen. Dann den Magerquark, die gequollenen Chiasamen und das Meersalz zugeben und nochmals mixen.

4 In Schalen verteilen und mit Zwiebeln, Schinken, Basilikum und Brotbröseln dekorieren. Schöner sieht es aus, diese Zutaten jeweils nebeneinander in einer Linie zu drapieren.

Papaya-Kürbis-Bowl

MIT KURKUMADRESSING

v l

15 Minuten
2 Portionen

Für die Bowls
150 g Quinoa, bunt
3 violette Karotten ‚Purple Haze',
in dicke Scheiben geschnitten
(wenn es die nicht gibt, können normale
Karotten verwendet werden)
250 g Hokkaidokürbis
1 EL Olivenöl
1 TL Meersalz
frisch gemahlener Pfeffer
1 TL Ahornsirup
2 EL Kernemischung, egal welche
½ Papaya, entkernt, geschält und in Stücke
geschnitten
½ Avocado, entsteint, geschält und in Spalten
geschnitten
ein paar Blätter Chicorée

Für das Dressing
1 TL Kokosöl
1 Schalotte, fein gewürfelt
1 TL Ingwer, frisch gerieben
1 TL Kurkuma
1 TL Koriandersamen
Saft von ½ Zitrone
1 EL Weißweinessig
1 TL Agavendicksaft
1 TL Meersalz
100 ml Wasser

1 Das Quinoa nach Packungsanweisung zubereiten. Den Backofen auf 180 Grad vorheizen. Karotten und Kürbis in einer Schüssel mit Olivenöl, Salz, etwas Pfeffer und Ahornsirup mischen. Auf ein mit Backpapier belegtes Blech geben und im Ofen 35 Minuten backen. Die Kerne in einer heißen Pfanne ohne Öl etwa 2–3 Minuten rösten, bis sie leicht anbräunen. Dabei ab und zu schwenken. Achtung: Kerne verbrennen schnell. Bei der leichtesten Färbung, aus der Pfanne nehmen und beiseitestellen.

2 Für das Dressing das Kokosöl in die noch heiße Pfanne geben und die Schalotte darin bei mittlerer Hitze andünsten. Ingwer, Kurkuma und Koriander zugeben und 2 Minuten mitdünsten. Den Inhalt der Pfanne mit den restlichen Zutaten des Dressings in den Mixer geben und glatt pürieren.

3 Das Quinoa mit sämtlichem Obst und Gemüse in Schalen anrichten, jeweils mit der Hälfte des Dressings übergießen und mit den Kernen garnieren.

WENN DAS KEINE DETOX-BOWL IST!

Kurkuma Latte

GOLDEN MILK

(v) (l)

10 Minuten
2 Portionen

400 ml Kokosmilch
1½ TL frisch geriebener Ingwer
1½ TL Kurkuma
1 kleine Prise Salz
2 TL Agavendicksaft
1 Prise frisch gemahlener Pfeffer

Alle Zutaten, bis auf den Pfeffer, in einem Topf erwärmen und 10 Minuten ziehen lassen bis die Milch eine schöne, orange Farbe bekommt. Nicht kochen! Die Milch auf Gläser verteilen.

WENN DIE SONNE EINFACH NICHT SCHEINEN WILL UND WENN NUR NOCH DIE FARBE GELB HELFEN KANN. GENAU DANN ZAUBERT SIE UNS EIN LÄCHELN INS GLAS.

SWEET
SALTY

New York Cheesecake Smoothie

MIT WALDBEEREN UND SCHOKOBREZELN

20 Minuten
4–6 Stück

Für die Schokosalzbrezeln
¼ Tafel weiße Blockschokolade
8–10 große Salzbrezeln
1 EL Pistazien, gehackt

Für den Smoothie
200 g gemischte Waldbeeren, tiefgekühlt
150 g Rahmquark
1 EL Doppelrahm-Frischkäse
200 ml Milch
1 Spritzer Zitronensaft
2 TL Lavendelsirup (Seite 28)
1 Prise Meersalz
ein paar frische Blaubeeren

1 Für die Brezeln die Schokolade zerkleinern, in eine Metallschüssel geben und über einem heißen, aber nicht kochenden Wasserbad unter ständigem Rühren langsam schmelzen lassen. Die Brezeln zur Hälfte durch die cremige Schokolade ziehen und auf einen Bogen Backpapier legen. Solange die Schokolade noch nicht getrocknet ist, mit den gehackten Pistazien dekorieren. Die Schokolade aushärten lassen.

2 Für den Smoothie alle Zutaten im Standmixer zuerst bei kleiner, dann bei großer Geschwindigkeit so lange mixen, bis die Waldfrüchte glatt püriert sind. Das Ergebnis sollte schön cremig sein. In zwei Smoothiegläser füllen und mit frischen Blaubeeren garnieren. Dazu ein paar der köstlichen Schokobrezeln naschen.

Die Schokobrezeln halten sich etwa 1 Woche in einem luftdicht verschlossenen Gefäß.

Frühstückscouscous

MIT KARAMELLISIERTEN NÜSSEN

20 Minuten
4 Portionen

Für den Couscous
200 ml Kokosmilch
2 EL Kokosblütenzucker
½ TL Kurkuma
1 Prise Salz
100 g Couscous
2 EL gehackte Datteln
2 TL Hanföl, wer will

Für die Nüsse
2 EL Zucker
60 g Nüsse nach Belieben, gehackt
½ TL Meersalz

Für die Garnitur
4 EL Granatapfelkerne
2 Passionsfrüchte, Fruchtmark ausgekratzt
ein paar Minzeblättchen

1 Die Kokosmilch mit Kokosblütenzucker, Kurkuma und Salz heiß werden lassen. Den Couscous in einer Schüssel mit der heißen Kokosmilch übergießen und etwa 15 Minuten quellen lassen.

2 Für die Nüsse den Zucker in einer beschichteten Pfanne schmelzen. Die Nüsse hineingeben und so lange rühren, bis sie mit dem Karamell überzogen sind. Mit Meersalz bestreuen, aus der Pfanne nehmen und auf einem Teller abkühlen lassen. Wenn sie dann noch zusammenkleben, einfach etwas auseinanderbrechen.

3 Den Couscous mit einer Gabel auflockern, die Datteln und die Nüsse unterheben. In tiefe Teller oder Schalen verteilen und mit etwas Hanföl beträufeln; das gibt dem Couscous einen schönen Nussgeschmack. Mit den Granatapfel- und Passionsfruchtkernen und der Minze garnieren.

Lavendelsirup

10 Minuten +
1 Tag Ruhezeit

220 g Zucker
160 ml Wasser
3 EL Zitronensaft
3 EL getrocknete Lavendelblüten

In einem Topf Zucker, Wasser und Zitronensaft unter Rühren erhitzen und etwa 5 Minuten kochen lassen. Den Topf vom Herd nehmen und die Lavendelblüten einrühren. Den Sirup zugedeckt einen Tag durchziehen lassen. Am nächsten Tag den Sirup durch ein Sieb abgießen und in eine Flasche abfüllen.
Dunkel und kühl aufbewahrt hält der Sirup mindestens 12 Monate.

Kürbissirup

35 Minuten +
1 Tag Ruhezeit

150 g Hokkaidokürbis, geschält und gewürfelt
½ TL Kardamom
½ TL Zimt
etwas frisch geriebene Muskatnuss
100 g Zucker
1 TL frisch geriebener Ingwer

Alle Zutaten in einen kleinen Topf geben und mit Wasser bedecken. Einmal aufkochen und dann etwa 30 Minuten bei mittlerer Hitze köcheln lassen. Vom Herd nehmen und zugedeckt über Nacht im Kühlschrank aufbewahren. Am nächsten Tag den Inhalt des Topfes mit dem Pürierstab fein pürieren. In saubere Gläser füllen.
Dunkel und kühl aufbewahrt hält der Sirup mindestens 12 Monate.

DIESER SIRUP PASST SUPER ZU ALLEN GETRÄNKEN MIT MILCH. IM LATTE MACCHIATO DER ABSOLUTE HIT!

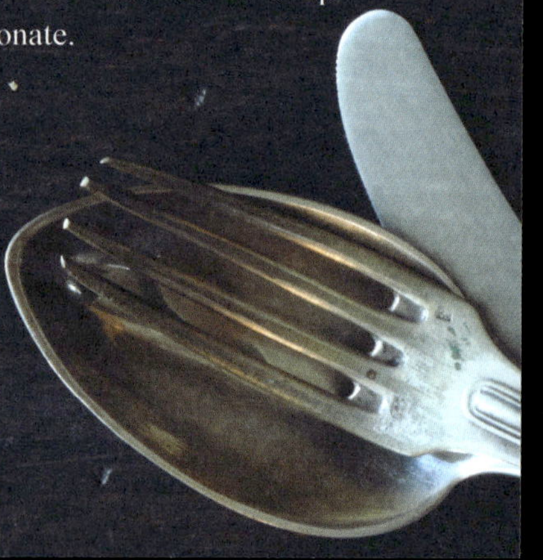

Orangensirup

10 Minuten +
1 Tag Ruhezeit

100 ml Orangensaft, frisch gepresst
80 ml Wasser
350 g Zucker
2 Sternanis
1 Zimtstange
100 g Zucker
1 TL frisch geriebener Ingwer

Den Orangensaft durch ein Sieb seihen, um alle Rückstände des Fruchtfleisch zu entfernen. Den Saft mit allen anderen Zutaten in einen Topf geben, unter Rühren aufkochen und etwa 10 Minuten köcheln lassen. Die Gewürze herausfischen und den Sirup in eine saubere Flasche abfüllen. Dunkel und kühl aufbewahrt hält der Sirup mindestens 12 Monate.

Feigen in Sirup

20 Minuten +
1 Tag Ruhezeit

250 g Zucker
200 ml Wasser
1 Rosmarinzweig
1 TL rosa Pfefferkörner
4 frische Feigen, geviertelt
100 g Zucker
1 TL frisch geriebener Ingwer

Zucker, Wasser und Rosmarinzweig in einem Topf erhitzen und etwa 10 Minuten einkochen. Den Rosmarinzweig entfernen, die rosa Pfefferkörner in den Sirup streuen und die Feigen vorsichtig hineingeben. Da frische Feigen sehr empfindlich sind, ist es besser nicht umzurühren. Die Feigen 2 Minuten mitkochen. Mit einem Löffel den Sirup und die Feigen in ein sauberes Glas füllen und auskühlen lassen. Dann ab damit in den Kühlschrank und einen Tag dort ziehen lassen. Gut gekühlt sind sie eine ganze Weile haltbar.

WIE HÜBSCH SICH DIE KLEINEN
QUADRATE ANEINANDERREIHEN.
DAS BESTE DARAN: IN IHNEN KANN SICH
DIE LECKERE SAUCE SAMMELN.

Waffeln

Sweet & salty Waffeln

10 Minuten +
20 Minuten Ruhezeit
6–8 Stück

2 Eier
125 g Butter
250 ml Milch
12 g frische Hefe
½ TL Salz
60 g Zucker
400 g Mehl
200 ml Mineralwasser mit Kohlensäure
1 Prise Salz
Pflanzenöl zum Fetten des Waffeleisens

1 Die Eier trennen. Die Butter in einem Topf schmelzen, die Milch zugeben und handwarm erhitzen. Nicht wärmer! Die Hefe in eine Rührschüssel bröckeln, die Milchmischung dazugießen und die Hefe unter Rühren auflösen. Eigelbe, Salz, Zucker, Mehl und Mineralwasser zugeben und alles zu einem glatten Teig vermischen.

2 Das Eiweiß und 1 Prise Salz mit dem Handmixer zu festem Eischnee schlagen. Den Eischnee vorsichtig unter den Waffelteig heben. Den Teig 20 Minuten an einem warmen Plätzchen ruhen lassen. Dann zu Waffeln ausbacken.

Waffeln

MIT CHIASAMEN

v ℓ

10 Minuten +
12 Stunden Quellzeit
4–6 Stück

250 g Buchweizenmehl
2 EL Chiapudding
220 ml Mandelmilch
1 TL Agavendicksaft
1 TL Backpulver
1 Prise Zimt
1 Prise Salz

Hierfür brauchen wir Chiasamen-Pudding. Er wird aus 2 Esslöffeln Chiasamen und 50 ml Mandelmilch hergestellt. Einfach mischen und über Nacht im Kühlschrank quellen lassen. Wenn es schneller gehen muss, reichen aber auch schon 2 Stunden.

Alle Zutaten zu einem glatten Teig vermischen. Ausbacken, fertig!

Vollwertwaffeln

10 Minuten
4–6 Stück

125 g Butter, zimmerwarm
75 g brauner Zucker
3 Eier
1 Prise Salz
300 g Vollkornmehl
1 TL Backpulver
150 g Joghurt
150 ml Milch

1 Die Butter mit dem Zucker schaumig rühren. Die Eier trennen und die Eigelbe zur Butter geben. Die Eiweiße in einer separaten Schüssel mit dem Salz steif schlagen.

2 Das Vollkornmehl mit dem Backpulver vermischen und zur Butter geben. Den Joghurt ebenfalls zugeben und alles gut verrühren. Die Milch hinzugießen und weiterrühren, bis ein zähflüssiger Teig entstanden ist. Zum Schluss den Eischnee vorsichtig unterheben.

Man kann alle Waffelteige nach Lust und Laune variieren. Cool sind zum Beispiel ein bisschen geriebener Cheddar oder klein geschnittene getrocknete Tomaten daruntergemischt. Gehackter Rosmarin und gehackte Nüsse sind auch lecker.

EINFACH EXPERIMENTIEREN!

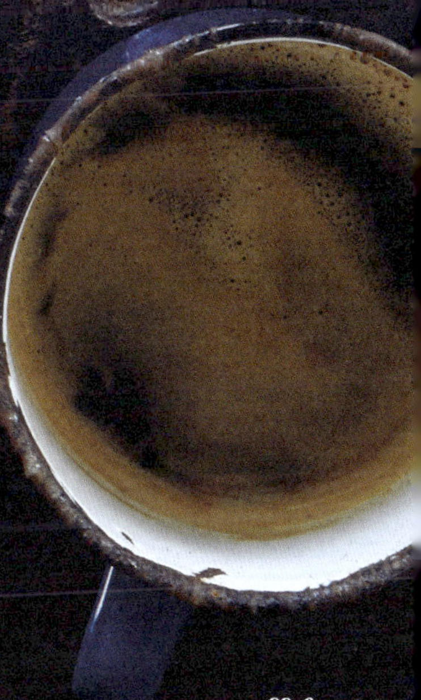

Die Erdbeermarmelade nach Rezept Seite 68 muss am Abend vorher zubereitet werden.

Waffeln

MIT WASABICREME, RÄUCHERLACHS UND HONIGMANDELN

20 Minuten +
Zubereitung Waffelteig
und Erdbeermarmelade
4–6 Stück

1 Portion Sweet-&-salty-
Waffelteig (Seite 32)

Für die Honigmandeln
200 g geschälte Mandeln
2 TL Akazienhonig
2 TL »Café de Paris«- oder
Barbecue-Gewürz
1 TL Meersalz

Für die Wasabicreme
3 TL Wasabipaste
125 g Crème fraîche
3 EL Mayonnaise
1 Prise Meersalz
½ Limette, Saft
1 Prise Zucker

4 TL Erdbeermarmelade
200 g Räucherlachs
sehr guter Qualität

1 Zuerst den Waffelteig herstellen.

2 Den Backofen auf 180 Grad vorheizen. Ein Backblech mit Backpapier belegen. Die Mandeln mit dem Akazienhonig in eine kleine Schüssel geben und gut verrühren, sodass sie gleichmäßig überzogen sind. Die Gewürzmischung und das Salz auf das Backpapier streuen und die Mandeln darin wälzen. Die Mandeln gleichmäßig auf dem Papier verteilen und im Ofen 8–10 Minuten rösten. Auf dem Blech abkühlen lassen.

3 Für die Wasabicreme alle Zutaten gut vermischen.

4 Das Waffeleisen fetten und die Waffeln ausbacken. Etwas abkühlen lassen. Dann die Wasabicreme und die Erdbeermarmelade auf den Waffeln verteilen. Den Räucherlachs schön darauf drapieren und mit den würzigen Honigmandeln garnieren. Fertig ist ein Snack, der allein schon durch seine Farben Eindruck macht.

Waffeln

MIT CHILI CON CARNE UND SCHOKOLADE

45 Minuten +
Zubereitung Waffelteig
4–6 Stück

1 Portion Sweet-&-salty-Waffelteig (Seite 32)

Für das Chili
1 EL Pflanzenöl
1 große Zwiebel, fein gewürfelt
500 g Rinderhackfleisch
1 kleine rote Chilischote, entkernt, klein geschnitten
1 Knoblauchzehe, gepresst
3 EL Tomatenmark
400 g Dosentomaten
250 ml Rinder- oder Gemüsebrühe (Instant)
1 TL gemahlener Kreuzkümmel
Salz, frisch gemahlener Pfeffer
1 TL Zucker
1 Dose Mais (285 g Abtropfgewicht)
1 Dose Kidneybohnen (250 g Abtropfgewicht)
½ Tafel Zartbitterschokolade, in Stücke gebrochen

4 TL Crème fraîche
einige Blättchen Koriander zum Bestreuen
2 Lauchzwiebeln, weißer Teil, in feine Ringe geschnitten

1 Zuerst den Waffelteig herstellen. Während der Waffelteig ruht, das Chili zubereiten.

2 Das Öl in einem großen flachen Topf erhitzen. Die Zwiebel darin hellbraun dünsten. Hackfleisch, Chili und Knoblauch dazugeben und weiterbraten, bis das Fleisch krümelig und angebräunt ist. Das Tomatenmark dazugeben und kurz mitbraten. Das ist wichtig, damit sich das Tomatenaroma entfalten kann. Die Tomaten und die Brühe zugeben und gut umrühren. Mit Kreuzkümmel, Salz, Pfeffer und Zucker würzen und alles bei mittlerer Hitze etwa 20 Minuten kochen lassen. Dabei gelegentlich umrühren.

3 Inzwischen Mais und Bohnen in ein Sieb geben, abspülen und gut abtropfen lassen. Beides zum Chili geben und alles zusammen noch 5 Minuten kochen. Dann die Schokoladenstücke in das Chili geben und umrühren, bis sie sich aufgelöst haben.

4 Das Waffeleisen fetten und die Waffel ausbacken. Das Chili darauf verteilen und auf jede Portion einen Klecks Crème fraîche geben. Mit Koriander, Zwiebelringen und etwas Pfeffer bestreut servieren.

Waffeln

MIT CHICKEN SALAD UND MANDARINEN

20 Minuten +
Zubereitung Waffelteig
4–6 Stück

1 Portion Waffelteig nach Wahl
(Seite 32/33)

Für den Chicken Salad
200 g weiße Champignons
Salz
2 Hähnchenbrustfilets, ohne Haut
2 EL Kokosöl
Pfeffer, frisch gemahlen
4 Eier, hart gekocht
100 g Mayonnaise
100 g Joghurt
1 Bund Schnittlauch, fein geschnitten
1 Bund Petersilie, fein gehackt
4 Gewürzgurken, fein gewürfelt
Zucker
1 Dose Mandarinen
(175 g Abtropfgewicht)
2 EL Zucker

1 Zuerst den Waffelteig herstellen.

2 Die Champignons in Scheiben schneiden, salzen und ohne Öl in einer Pfanne anbraten, bis das Wasser austritt und verdampft ist. Auf einen Teller geben und abkühlen lassen.

3 Die Hähnchenbrustfilets in 1½ cm große Stücke schneiden. Das Öl in der Pfanne erhitzen und die Hähnchenstücke darin goldbraun braten, bis sie durchgegart sind. Aus der Pfanne nehmen, mit Salz und Pfeffer würzen und abkühlen lassen.

4 Die Eier schälen und ganz klein würfeln. In einer Schüssel mit der Mayonnaise und dem Joghurt vermischen. Schnittlauch, Petersilie und Gewürzgurken zugeben und mit Zucker, Salz und Pfeffer abschmecken. Die Hähnchenstücke und Champignons unterheben.

5 Die Mandarinen in einem Sieb abtropfen lassen, dabei die Flüssigkeit auffangen. Ein paar Mandarinenschnitze als Deko beiseitelegen, den Rest vorsichtig unter den Salat heben. Nochmals mit Salz und Pfeffer abschmecken und je nachdem, wie »sweet« man es mag, noch etwas von dem aufgefangenen Mandarinensaft zugeben.

6 Das Waffeleisen fetten und die Waffeln ausbacken. Mit dem Chicken Salad anrichten und mit den zurückgelegten Mandarinenschnitzen garnieren.

Der Orangensirup von Seite 29 gibt den Waffeln zusätzlich noch ein super Fruchtaroma.

DANKE MAMA!
DAS REZEPT BEGLEITET MICH
SCHON MEIN GANZES LEBEN.
JA, O.K., OHNE WAFFEL.

WOW, WER MUSS DA NOCH NACH NEW YORK?

Waffeln

MIT KNUSPERHÄHNCHEN UND BANANE

30 Minuten +
Zubereitung Waffelteig
4 Stück

1 Portion Sweet-&-salty-
Waffelteig (Seite 32)

Für das Knusperhähnchen
600 g Hähnchenbrustfilets, in 2 cm große
Würfel geschnitten
½ TL Barbecue-Gewürzmischung
2 Eier
Salz
6 EL Mehl
½ Packung Cornflakes
6 EL Rapsöl

Für die gegrillte Banane
2 Bananen
2 EL Butter

4 EL Ahornsirup
1 Prise Meersalz
Barbecuesauce, nach Belieben

1 Erstmal ruckzuck den Waffelteig zubereiten.

2 Den Backofen auf 150 Grad vorheizen. Ein Backblech mit Backpapier belegen. Die Hähnchenwürfel mit der Barbecue-Mischung würzen. Die Eier in einen tiefen Teller aufschlagen und mit 1 Prise Salz verquirlen. Das Mehl in einen zweiten tiefen Teller geben. Die Cornflakes in einen Gefrierbeutel geben und mit den Händen grob zerkleinern; es sollen noch kleine Stücke vorhanden sein. Die Cornflakes-Brösel ebenfalls in einen tiefen Teller geben. Nun die Hähnchenstücke nacheinander im Mehl wenden, dann durch das Ei ziehen und anschließend mit den Cornflakes vollständig bedecken. Die Panade etwas andrücken. In einer beschichteten Pfanne das Rapsöl erhitzen und die Hähnchenstücke bei mittlerer Hitze etwa 5 Minuten rundum anbraten. Darauf achten, dass die Panade nicht zu dunkel wird. Aus der Pfanne nehmen und auf dem Backblech im Ofen warm halten.

3 Die Bananen schälen und der Länge nach halbieren. Die Butter in einer beschichteten Pfanne erhitzen und die Bananenhälften darin anbräunen; die Pfanne vom Herd nehmen.

4 Das Waffeleisen fetten, die Waffeln ausbacken und auf Teller geben. Mit dem Ahornsirup übergießen, die Bananenhälften auf die Waffeln legen und mit Meersalz bestreuen. Zum Schluss die knusprigen Hähnchenstücke auf den Waffeln anrichten. Wer mag, kann sie mit einem Tupfer Barbecuesauce garnieren.

Waffeltacos

MIT MERGUEZ UND MANGOSALSA

30 Minuten +
Zubereitung Waffelteig
4–6 Stück

1 Portion Sweet-&-salty-
Waffelteig (Seite 32)

Für die Salsa
2 reife Mangos,
in Stücke geschnitten
1 Avocado, entsteint,
in Stücke geschnitten
3 EL Zitronensaft
5 Frühlingszwiebeln,
in Ringe geschnitten
2 kleine Chilischoten, entkernt,
in feine Ringe geschnitten
Meersalz, frisch gemahlener Pfeffer

Außerdem
4–6 Merguez
Puderzucker
4 EL Mozzarella, gerieben

1 Den Waffelteig zubereiten und beiseitestellen.

2 Alle Zutaten für die Salsa in eine Schüssel geben, vorsichtig mischen und abschmecken.

3 Das Waffeleisen fetten, die Waffeln ausbacken, herausnehmen und knicken wie eine Tacoschale. Etwas von der Avocado-Mango-Salsa daraufgeben, eine Merguez auf die Salsa legen, alles mit etwas Puderzucker bestäuben und mit dem Mozzarella bestreuen. Wenn das kein Cross-Country-Breakfast ist!

TIPP: Die marokkanischen Merguez sind sehr fettreich. Man kann die Würstchen mit einer Gabel leicht anstechen, bevor man sie zubereitet. Dadurch verlieren sie ein wenig von ihrem Fett, und man braucht kein extra Fett für die Pfanne.

Quesadillas

MIT ZIEGENGOUDA UND FEIGEN
MIT GORGONZOLA UND WEISSER SCHOKOLADE

5 Minuten
Je 1 Portion

Für die Ziegengouda-Quesadilla
2 kleine Weizentortillas
50 g Ziegengouda
1 frische Feige
½ TL Thymian
brauner Zucker zum Bestreuen

Für die Gorgonzola-Quesadilla
2 kleine Weizentortillas
50 g Gorgonzola
1 Reihe weiße Schokolade
2 TL Lavendelsirup (Seite 28)
1 Prise Meersalz

Die Tortillas falls nötig auf die Größe des Waffeleisens passend zurechtschneiden. Das Waffeleisen leicht fetten und vorheizen. Eine Tortilla in das Waffeleisen geben und die weiteren Zutaten darauf verteilen. Mit dem zweiten Tortillafladen bedecken, das Waffeleisen schließen und etwa 3 Minuten backen. Die Quesadillas sollen außen knusprig und innen schön »cheesy« sein.

Man kann sie übrigens zusätzlich mit jedem Sirup aus diesem Buch übergießen und nach Wunsch auch mal anders füllen, je nachdem, was gerade im Kühlschrank vorhanden ist. Es funktioniert mit fast allem.

WENIG ARBEIT – VIEL GESCHMACK!
HÜBSCH ANZUSEHEN, WIE DER TEIG SICH IN DER PFANNE VERTEILT UND GOLDBRAUN WIRD.

Pancakes und Crêpes

Sweet & salty Pancakes

15 Minuten
4–6 Stück

150 g Mehl
1 EL Zucker
1 TL Backpulver
2 Eier
1 Prise Salz
150 ml Milch

Pflanzenöl zum Ausbacken

Alle Zutaten in einer Schüssel zu einem glatten Teig verrühren.

Aus dem Teig in einer mit Öl gefetteten Bratpfanne Pfannkuchen ausbacken.

Chia-Pancakes

15 Minuten
4–6 Stück

2 Bananen, mit einer Gabel zerdrückt
4 Eier
3 EL Chiasamen
1 Prise Zimt
1 Spritzer Zitronensaft

Alle Zutaten in ein hohes Gefäß geben und mit dem Pürierstab fein pürieren.

Aus dem Teig in einer mit Öl gefetteten Bratpfanne Pfannkuchen ausbacken.

Pancakes

MIT GEWÜRZAPFELSCHWEIN

25 Minuten +
Zubereitung Pancaketeig
4 Portionen

1 Portion Sweet-&-salty-Pancaketeig
(Seite 48)

3 EL Sonnenblumenöl
400 g Schweinelende,
in Scheiben geschnitten
Salz, frisch gemahlener Pfeffer
1 EL Thymianblättchen
3 EL Butter
1 rote Zwiebel, halbiert,
in Ringe geschnitten
2 süße Äpfel (z. B. Pink Lady),
mit Schale in Spalten geschnitten
100 ml Cidre (Apfelwein)
1 TL Instantbrühe
4 EL Honig
1 EL frische Majoranblättchen
Pflanzenöl für die Pancakes
1 EL Honig
4 Thymianzweige

1 Zuerst den Pancaketeig zubereiten.

2 Den Ofen auf 140 Grad vorheizen. Das Öl in einer Pfanne erhitzen. Das Fleisch darin von beiden Seiten scharf anbraten. Mit Salz und Pfeffer kräftig würzen, die Hälfte der Thymianblättchen in die Pfanne geben und einmal durchschwenken. Das Fleisch aus der Pfanne nehmen, in eine ofenfeste Form geben und im Ofen warm halten.

3 In die noch heiße Pfanne 2 EL Butter geben und die Zwiebel darin andünsten. Den restlichen Thymian und die Äpfel hineingeben und mit dem verbleibenden Esslöffel Butter goldgelb anbraten. Mit dem Cidre ablöschen, die Instantbrühe zugeben und mit Salz und Pfeffer würzen. Die Majoranblättchen hinzugeben und alles einköcheln lassen.

4 In einer beschichteten Pfanne Öl erhitzen. Jeweils 2–3 Esslöffel Pancaketeig hineingeben und mit einem Löffel zu einem Kreis von etwa 8 cm Durchmesser ausstreichen. Die Pancakes bei mittlerer Hitze braten, bis die Unterseite goldbraun ist. Wenden und auch auf der anderen Seite goldbraun werden lassen, dann herausnehmen und im Ofen warm halten, bis alle Pancakes ausgebacken sind.

5 Die Fleischscheiben auf den Pancakes anrichten. Den Honig zu den Äpfeln geben und noch einmal kurz umrühren. Dann die Äpfel auf dem Fleisch verteilen und mit je einem Thymianzweig garnieren.

Pancakes

MIT ZUCCHINI, KRÄUTERQUARK UND ERDBEEREN

25 Minuten +
Zubereitung Pancaketeig
4–6 Portionen

1 Portion Sweet-&-salty-Pancaketeig
(Seite 48)
1 kleine Zucchini, geraspelt

Für den Kräuterquark
400 g Quark (20 % Fett i. Tr.)
100 ml Rahm (Sahne)
Saft von 1 Limette
½–1 Knoblauchzehe, gepresst
1 Bund Schnittlauch, fein geschnitten
3 EL Dill, fein gehackt
2 EL Kerbel, fein gehackt
Meersalz, frisch gemahlener Pfeffer

400 g Erdbeeren, geviertelt
50 g Zucker
Mark von 1 Vanilleschote, ausgekratzt

Pflanzenöl für die Pancakes
4–6 Scheiben gekochter Schinken
6 Blätter Minze, gehackt

1 Zuerst den Pancaketeig zubereiten. Die geraspelten Zucchini in einem sauberen Küchentuch ausdrücken, zum Teig geben und unterrühren.

2 Quark, Rahm, Limettensaft und Knoblauch glatt rühren. Die Kräuter unterrühren, mit Salz und Pfeffer abschmecken und etwas durchziehen lassen.

3 Die Erdbeeren mit dem Zucker und dem Vanillemark vermischen und ebenfalls kurz durchziehen lassen.

4 In einer beschichteten Pfanne Öl erhitzen. Jeweils 2–3 Esslöffel Pancaketeig hineingeben und mit einem Löffel zu einem Kreis von etwa 8 cm Durchmesser ausstreichen. Die Pancakes bei mittlerer Hitze braten, bis die Unterseite goldbraun ist. Wenden und auch auf der anderen Seite goldbraun werden lassen, dann herausnehmen und im Ofen warm halten, bis alle Pancakes ausgebacken sind.

5 Den Kräuterquark auf den Pancakes verteilen und mit den Erdbeeren garnieren. Den Schinken zur einer Rosette einrollen und auf die Erdbeeren geben. Mit Minze bestreuen. Schmeckt unglaublich fruchtig und lecker!

Chia-Pancakes

MIT BERGKÄSE UND GEBACKENEN PFLAUMEN

30 Minuten +
Zubereitung Pancaketeig
4–6 Stück

1 Portion Chia-Pancaketeig (Seite 48)

4–6 Pflaumen,
entsteint und halbiert
2 EL Honig
1 EL Ahornsirup
1 TL Zimt
4 Zweige Thymian
2 EL Walnüsse, gehackt
1 TL Butter
Pflanzenöl für die Pancakes
4–6 Scheiben Bergkäse,
mitteldick geschnitten

1 Den Backofen auf 180 Grad vorheizen. Die Pflaumen mit dem Honig, dem Ahornsirup und Zimt vermischen und mit der Schnittseite nach oben in eine feuerfeste Form geben.

2 Die Thymianzweige dazulegen, sodass sie ihr Aroma an die Pflaumen abgeben. Die gehackten Nüsse mit der Butter vermischen und jeweils einen Klecks davon in die Mulden der Pflaumen geben. Im vorgeheizten Ofen 20 Minuten garen, bis etwas Saft austritt.

3 In der Zwischenzeit in einer beschichteten Pfanne Öl erhitzen. Jeweils 2–3 Esslöffel Pancaketeig hineingeben und mit einem Löffel zu einem Kreis von etwa 3 cm Durchmesser ausstreichen. Die Pancakes bei mittlerer Hitze braten, bis die Unterseite goldbraun ist. Wenden und auch auf der anderen Seite goldbraun werden lassen und herausnehmen. Die Pancakes auf Teller verteilen, jeweils mit einer Scheibe Bergkäse und einer Pflaume belegen. Mit dem ausgetretenen Saft beträufeln.

HMMM, HIMMLISCH WÜRZIG.

DAS ETWAS ANDERE
FRANZÖSISCHE FRÜHSTÜCK!

Crêpes

MIT SCHNELLER ENTE À L'ORANGE

30 Minuten
4 Portionen

Für die Crêpes
150 g Mehl
3 Eier
300 ml Milch
50 g Butter, geschmolzen
1 Prise Salz

Für die Ente
2 TL Pflanzenöl
8 kleine Entenfilets
Salz, frisch gemahlener Pfeffer
20 g Zucker
120 ml Portwein
125 ml Geflügelfond (fertig gekauft)
Saft von 1 Orange
2 EL Orangenlikör
½ TL Speisestärke
20 g Butter, kalt
2 Orangen, Filets ausgelöst
1 TL Lavendel zum Bestreuen

1 Aus den Zutaten für die Crêpes einen glatten Teig rühren und 20 Minuten ruhen lassen.

2 In der Zwischenzeit das Öl in einer Pfanne erhitzen und die Entenfilets darin scharf anbraten, mit Salz und Pfeffer würzen, herausnehmen und beiseitestellen.

3 Den Zucker in die Pfanne geben und karamellisieren lassen. Mit Portwein und dem Fond ablöschen und verrühren. Dann Orangensaft und Likör zugeben und 10 Minuten köcheln lassen. Die Speisestärke in etwas kaltem Wasser auflösen, in die Sauce geben und nochmals aufkochen lassen. Mit Salz und Pfeffer abschmecken und die Entenfilets wieder in die Pfanne geben. Zum Schluss die kalte Butter einrühren, die Orangenfilets in die Pfanne geben und vorsichtig untermischen. Warm halten, aber nicht mehr kochen.

4 Eine beschichtete Pfanne leer erhitzen und dünne Crêpes goldgelb ausbacken. Die Crêpes auf Teller verteilen. Hübsch ist es, wenn die Crêpes leicht gewellt zu einem Viertel gefaltet werden. Die Entenfilets mit der Sauce darauf verteilen und mit Lavendel bestreuen.

Quinoa-Crêpes

mit Forellencreme und Birnenchutney

30 Minuten
4 Portionen

Für das Birnenchutney
1 TL Butter
2 reife Birnen, entkernt, geschält und in Stücke geschnitten
3 Frühlingszwiebeln, weißer Teil in feine Ringe geschnitten
100 ml weißer Balsamicoessig
½ TL frisch geriebener Ingwer
1 EL Zucker
Salz, frisch gemahlener Pfeffer

Für die Crêpes
150 g Quinoamehl
1 Prise Salz
2 EL Kokosöl
200 ml Mandelmilch
2 Eier
1 TL Agavendicksaft
Kokosöl zum Ausbacken

Für die Forellencreme
200 g Räucherforellenfilets
125 g Doppelrahm-Frischkäse
1 EL Dill, fein gehackt
1 EL Schnittlauch, in feine Röllchen geschnitten
2 TL süßer Senf
Meersalz, frisch gemahlener Pfeffer
Zitronensaft zum Abschmecken

Dill zum Garnieren

1 Für das Chutney die Butter in einer Pfanne schmelzen. Die Birnenstücke und die Frühlingszwiebeln darin unter Rühren anbraten, bis die Birnen etwas weich sind. Mit dem Essig ablöschen, Ingwer und Zucker zugeben. Etwa 10 Minuten köcheln lassen. Mit Salz und Pfeffer abschmecken und abkühlen lassen.

2 Für die Crêpes das Quinoamehl mit dem Salz in eine Schüssel geben. Das Kokosöl in einem Topf schmelzen lassen, mit der Mandelmilch vermischen und zusammen mit den Eiern und dem Agavendicksaft zum Quinoamehl geben. Etwas Kokosöl in eine beschichtete Pfanne geben, dünne Crêpes ausbacken und auf einem Teller abkühlen lassen.

3 Die Forellenfilets zerzupfen. Frischkäse, Kräuter und Senf dazugeben und vorsichtig untermischen. Mit Salz, Pfeffer und etwas Zitronensaft abschmecken.

4 Die Crêpes mit der Forellencreme bestreichen, aufrollen und fest andrücken. Die Rolle in etwa 2 cm dicke Scheiben schneiden und mit dem Birnenchutney auf Tellern anrichten. Mit Dill garnieren.

KNETEN, FORMEN, BACKEN ...
ODER EINFACH KAUFEN :) AUF JEDEN
FALL ABER DIE LIEBEN RUFEN.
FRÜHSTÜCK IST FEEEEEEEERTIG!

Brote und Toasts

Schnelles Fladenbrot

Hier eine schnelle Variante ohne Hefe, denn sonst müsste man den Teig erst gehen lassen. Und dafür ist manchmal einfach keine Zeit.

WIR HABEN HUNGER!

40 Minuten
Für 1 Fladen

400 g Mehl
1½ Päckchen Backpulver
1 TL Salz
75 g Butter, geschmolzen
250 ml Milch
1 Ei
1 EL Schwarzkümmel
½ TL grobes Meersalz
1 EL Sesam

1 Den Backofen auf 200 Grad vorheizen. Das Mehl mit Backpulver und Salz in einer Schüssel vermischen. Unter Rühren die geschmolzene Butter dazugeben und gut untermischen. Die Milch mit dem Ei verquirlen, in die Schüssel geben und alles mit den Händen gründlich verkneten. Das geht besser mit leicht bemehlten Händen.

2 Ein Backblech mit Backpapier belegen. Die Hände befeuchten und den Teig auf dem Blech zu einem Fladen formen. Mit Schwarzkümmel, Meersalz und Sesam bestreuen und in der unteren Hälfte des vorgeheizten Ofens etwa 30 Minuten backen.

Naanbrot

20 Minuten +
1½ Stunden Ruhezeit
6–8 Portionen

GEHT LEIDER NICHT SCHNELLER :(

450 g Mehl
1 Packung Trockenhefe
1 TL Zucker
½ TL Salz
1 TL gemahlener Koriander
60 ml Sojamilch
200 ml Wasser
Pflanzenöl zum Ausbacken

1 Mehl, Hefe, Zucker, Salz und Koriander in einer Schüssel vermischen. Sojamilch und Wasser dazugeben und mit den Händen zu einem glatten Teig kneten. Den Teig zugedeckt an einem warmen Ort etwa 1 Stunde auf das doppelte Volumen aufgehen lassen.

2 Den Teig nochmals durchkneten und daraus 6–8 Kugeln formen. Diese nochmals 30 Minuten ruhen lassen.

3 Die Teigkugeln auf einer bemehlten Arbeitsfläche dünn ausrollen. Eine Pfanne mit wenig Öl erhitzen und die Teigfladen nacheinander goldgelb ausbacken. Dabei bilden sich schöne kleine Blasen auf der Oberfläche. Dann sind die Naanbrote genau richtig.

Schnelle Joghurtbrötchen

25 Minuten
Etwa 8 Stück

200 g Dinkelmehl
100 g Weizenmehl
3 EL Chiasamen
1 Päckchen Backpulver
1 EL Kokosblütenzucker
1 Prise Salz
50 g Butter, weich
1 Ei
150 g Fruchtjoghurt, Sorte nach Belieben

Meersalz zum Bestreuen

1 Den Ofen auf 180 Grad vorheizen.

2 Alle Zutaten mit den Händen oder mit dem Knethaken des Handmixers zu einem glatten Teig verarbeiten. Den Teig in 8 Portionen teilen und diese zu Brötchen formen. Die Brötchen auf ein mit Backpapier belegtes Blech setzen und oben kreuzförmig einritzen. Mit einem Pinsel mit etwas Wasser anfeuchten und mit Meersalz bestreuen.

3 Im vorgeheizten Ofen etwa 15 Minuten schön goldbraun und knusprig backen.

Schnelles Brot mit Chiasamen

1 Stunde 10 Minuten
Für 1 Brot

6 Eier
500 g Magerquark
1 Päckchen Backpulver
3 EL Chiasamen
3 EL Sonnenblumenkerne
50 g Weizenkleie
250 g Haferkleie
2 TL Salz

Pflanzenöl für die Form

1 Den Ofen auf 190 Grad vorheizen. Eine Kastenform von 25 cm Länge mit Pflanzenöl fetten.

2 Alle Zutaten mit der Küchenmaschine zu einem glatten Teig verarbeiten. Den Teig in die gefettete Kastenform füllen. In der Mitte des vorgeheizten Ofens etwa 1 Stunde backen. Falls die Oberfläche zu stark bräunt, mit Backpapier abdecken. Wenn das Brot fertig gebacken ist, herausnehmen, etwas abkühlen lassen und dann aus der Form nehmen.

Damit man dieses Rezept das ganze Jahr über machen kann, verwenden wir hier Trockenpflaumen. Es dauert zwar etwas, bis die Pflaumen weich sind, aber es lohnt sich, wie wir finden!

Die folgenden Brotaufstriche sind alle in einer Menge angegeben, die für mindestens 6 Personen oder mehr ausreicht. Das hängt aber natürlich davon ab, wie viel sich alle davon aufs Brot schmieren.

Salzige Mango-Papaya-Butter

10 Minuten

120 g Butter
2 TL Meersalz
20 g getrocknete Mango, gehackt
20 g getrocknete Papaya, gehackt
1 TL Thymianblättchen

Die Butter bei Zimmertemperatur weich werden lassen. Mit einer Gabel alle Zutaten gründlich vermengen. Daraus zwei schöne Bällchen formen. Fertig ist ein cooler Aufstrich für frisch gebackenes Brot. Wer will, kann noch etwas Orangensirup von Seite 29 über die Butterbällchen träufeln. Sieht schön aus und schmeckt super.

Pflaumenmus

MIT GRUYÈRE

1½ Stunden

500 ml Wasser
220 g Trockenpflaumen
1 Zimtstange
1 Sternanis
250 g Gelierzucker
Saft von ½ Zitrone

frisch geriebener Gruyère

Das Wasser in einem Topf zum Kochen bringen. Trockenpflaumen, Zimtstange und Sternanis hineingeben und bei geringer Hitze köcheln lassen, bis die Pflaumen zerfallen und die Flüssigkeit verdunstet ist. Die Zimtstange und den Sternanis entfernen. Die Masse mit dem Pürierstab zu Mus pürieren. Den Gelierzucker und den Zitronensaft dazugeben und auf großer Hitze etwa 4 Minuten kochen lassen. Sofort in saubere Schraubgläser füllen und verschließen.

Beim Anrichten nach Geschmack geriebenen Gruyère unterrühren. Das gibt zusammen den absoluten Sweet-&-salty-Effekt. Passt zu Walnussbrot oder zu frischen Croissants. Ach was, es passt eigentlich auf alles.

Brotaufstrich

MIT DATTELN, SPECK UND MANDELN

10 Minuten +
1 Tag Einweichen

150 g Datteln, klein geschnitten
40 g Rosinen
200 ml Wasser
3 EL gemahlene Mandeln (20 g)
Meersalz
1 Prise Zimt
1 Prise Nelkenpulver
100 g Speck, sehr klein gewürfelt

1 Die Datteln und die Rosinen in einer Schüssel im Wasser über Nacht im Kühlschrank einweichen. Am nächsten Tag die gequollenen Früchte mit dem Pürierstab fein pürieren. Die geriebenen Mandeln unterrühren und mit den Gewürzen abschmecken.

2 Den Speck in einer Pfanne ohne Fett knusprig braten und abkühlen lassen. Unter das Dattelmus mischen und auf einem frischen Baguette genießen.

Chiaaufstrich

MIT ERDBEEREN UND FETA

10 Minuten +
1 Tag Quellzeit

200 g Erdbeeren, halbiert
2 EL Chiasamen
1 EL Agavendicksaft
100 g Fetakäse, klein zerkrümelt

Die Erdbeeren in einer Schüssel mit dem Pürierstab pürieren. Chiasamen und Agavendicksaft einrühren. Den Fetakäse unterheben. Die Masse in saubere Gläser füllen und verschließen.
Über Nacht im Kühlschrank quellen lassen. Der Aufstrich schmeckt grandios auf Laugenbrezeln.

WER SAGT DENN, DASS DATTELN SICH NUR IM SPECKMANTEL WOHLFÜHLEN?

SO SWEET! SO SALTY!

Cashewcreme

mit Haferflocken und Rosinen

15 Minuten +
8 Stunden Einweichen

200 g Cashewkerne
50 g Rosinen
2 EL Agavensirup
100 ml Apfelsaft
1 EL Zitronensaft
Meersalz

1 EL Sonnenblumenöl
3 EL kernige Haferflocken
1 Prise Rauchsalz

1 Cashewkerne und Rosinen getrennt über Nacht in Wasser einweichen. Am nächsten Tag abtropfen lassen. Die Cashewkerne mit 1 EL Agavensirup, dem Apfelsaft, dem Zitronensaft und Meersalz im Mixer fein mixen. Es soll eine homogene Masse entstehen. Die Creme aus dem Mixer nehmen und mit den Rosinen vermischen.

2 Das Öl in einer beschichteten Pfanne erhitzen. Die Haferflocken darin unter ständigem Rühren anbräunen. Aus der Pfanne nehmen, mit Meersalz und Raucharoma bestreuen. Abkühlen lassen und unter die Cashewcreme mischen.
Die Cashewcreme ist ohne Agavensirup, Rosinen und Haferflocken eine super vegane Alternative zu Crème fraîche.

Crunchy Karamell-Butter

15 Minuten +
1 Stunde Abkühlen

100 g Salzstangen
300 g Zucker
100 ml Wasser
250 g Butter, klein gewürfelt
1 TL Meersalz
200 ml Rahm

1 Die Salzstangen in einen Gefrierbeutel geben und mit den Händen in Stücke zerbröseln.

2 Zucker und Wasser in einer beschichteten Pfanne bei mittlerer Hitze köcheln lassen, bis ein braunes Karamell entsteht. Dabei immer schön rühren. Die Butterwürfel und das Meersalz zugeben und weiterrühren, bis alles gut vermengt ist. Den Rahm rasch unterrühren und den Topf vom Herd nehmen. Vorsicht, es fängt kräftig an zu blubbern.

3 Die Salzstangenbrösel untermischen. Die Masse in saubere Schraubgläser abfüllen, abkühlen lassen und danach im Kühlschrank aufbewahren.

TIPP: Wenn man Gäste beeindrucken will, passen dazu auch sehr gut ein paar Granatapfelkerne. Hier ein Trick, wie man sie leichter aus der Schale bekommt: Den Granatapfel horizontal halbieren und die Hälften etwas quetschen. So lösen sich die Kerne von der weißen Haut. Dann umdrehen und mit einem Kochlöffel auf die Schale klopfen. Schon fallen die edlen Kerne heraus.

Vegetarisches Schmalz

MIT ZWIEBELN UND SCHOKOLADE

(V) (L)

30 Minuten +
8 Stunden Abkühlen

80 g Pflanzenfett
2 Zwiebeln
2 TL Meersalz
1 kleiner Apfel, fein gewürfelt
80 ml Sonnenblumenöl
80 g Kokosfett
30 g vegane dunkle Schokolade, klein gehackt

1 Das Pflanzenfett in einer Pfanne schmelzen. Die Zwiebeln hineingeben, mit dem Salz würzen und bei geringer Hitze etwa 10 Minuten goldbraun braten. Die Apfelwürfel dazugeben und 5 Minuten mitrösten. Die Pfanne vom Herd nehmen, Sonnenblumenöl und Kokosfett dazugeben und umrühren, bis das Kokosfett geschmolzen ist.

2 Wenn die Masse nur noch lauwarm ist, die Schokoladenstückchen dazugeben. Das Schmalz in Gläser füllen und im Kühlschrank aufbewahren.

Kichererbsenaufstrich

MIT HONIG

15 Minuten

240 g Kichererbsen aus der Dose
1 Knoblauchzehe, fein gehackt
Saft von ½ Zitrone
5 EL Olivenöl
80 ml Wasser
2 EL Joghurt, natur
½ TL gemahlener Kreuzkümmel
½ TL Currypulver
1 Prise Chilipulver
Meersalz
1 EL Akazienhonig
ein paar Korianderblättchen zum Garnieren

Die Kichererbsen in ein Sieb geben, mit kaltem Wasser abspülen und abtropfen lassen. Kichererbsen, Knoblauch, Zitronensaft und Öl pürieren. Dabei nach und nach das Wasser hinzufügen, bis eine streichfähige Masse entstanden ist. Dann den Joghurt, die Gewürze und den Honig hinzufügen und nochmals mixen. In einer hübschen Schale anrichten und mit Korianderblättchen garnieren. Frisch gebackenes Naanbrot (siehe Seite 63) ist die passende Beilage dazu.

Kanadisches Bananenbrot

GOES SALTY

15 Minuten +
45 Minuten Backzeit
Für 1 Kastenform
von 25 cm Länge

120 Butter, weich
120 g brauner Zucker
100 g weißer Zucker
2 Eier
3 reife Bananen, zerdrückt
180 g Mehl
1 TL Natron
1 Prise Salz
1 TL Zimt
100 g gemahlene Haselnüsse
150 g salzige Honigmandeln, fertig gekauft, gehackt
3 EL Ahornsirup
Butter für die Form

1 Den Ofen auf 170 Grad vorheizen. Die Kastenform buttern.

2 Die Butter mit den beiden Sorten Zucker in einer Schüssel schaumig rühren. Die Eier und die Bananen dazugeben und verrühren. Mehl, Natron, Salz und Zimt beigeben und alles schön glatt rühren. Haselnüsse, Honigmandeln (bis auf 1 EL) und Ahornsirup hinzugeben und alles zu einem geschmeidigen Teig rühren. Den Teig in die vorbereitete Form geben und mit den restlichen Mandeln bestreuen.

3 Das Brot im vorgeheizten Ofen auf der mittleren Schiene etwa 50–60 Minuten backen. Aus dem Ofen nehmen, abkühlen lassen, dann aus der Form nehmen.

Das Brot in Scheiben schneiden und mit einem oder mehreren der Brotaufstriche vernaschen. Die passen alle gut!

Toast

MIT CHORIZOMARMELADE, ORANGEN UND BURRATA

10 Minuten
4 Portionen

2 EL Olivenöl
1 TL Oregano, getrocknet
4 Scheiben Toastbrot
2 TL Chorizomarmelade (Seite 105)
2 Orangen, geschält, in Scheiben geschnitten
2 Kugeln Burrata
Meersalz, frisch gemahlener Pfeffer
4 EL Orangensirup (Seite 29)
8–10 Blätter Basilikum, in Stücke gerupft
rosa Pfefferkörner

Das Öl in einer Pfanne erhitzen. Den Oregano hineingeben und in der Pfanne schwenken. Dann das Toastbrot hineingeben und von beiden Seiten goldbraun rösten. Auf Teller geben und mit der Chorizomarmelade bestreichen. Die Orangenscheiben darauf verteilen und je eine halbe Kugel Burrata daraufgeben. Mit Salz und Pfeffer würzen, großzügig mit Orangensirup beträufeln und mit dem Basilikum garnieren. Zum Schluss noch ein paar rosa Pfefferkörner darüberstreuen.

Toast

MIT GARNELEN IN ERDNUSSBUTTER

20 Minuten
4 Portionen

3 EL Olivenöl
2 Knoblauchzehen, gepresst
2 rote Paprikaschoten, entkernt, in Stücke geschnitten
5 Frühlingszwiebeln, in Ringe geschnitten
500 g Garnelen, roh, geschält
1 EL Tomatenmark
100 ml Gemüsebrühe
100 g Erdnussbutter
Salz
Saft von 1 Limette
Chilipulver
½ Papaya, gewürfelt

4 Scheiben Toastbrot
1 EL Mango-Papaya-Butter (Seite 67)
4 große Salatblätter
Korianderblättchen zum Garnieren

1 Das Öl in einer Pfanne erhitzen. Den Knoblauch darin andünsten. Paprika, Frühlingszwiebeln und Garnelen zugeben und etwa 5 Minuten anbraten. Das Tomatenmark hinzufügen und mitbraten, damit sich das Tomatenaroma gut entfaltet. Die Hitze reduzieren.

2 Gleichzeitig die Gemüsebrühe erwärmen, die Erdnussbutter darin auflösen und zu den Garnelen und dem Gemüse geben. Mit Salz, Limettensaft und Chilipulver abschmecken. Die Papayawürfel vorsichtig unterheben.

3 Die Toastscheiben toasten, auf Teller legen und mit der Mango-Papaya-Butter bestreichen. Salatblätter auflegen und die Garnelenmischung darauf verteilen. Mit etwas Koriander garnieren.

RUSSELL

In Zypern ist Haloumi und Spiegelei ein beliebtes Frühstück. Da auch Honig ein typisches Produkt der Insel ist, lag es nahe, die drei zusammenzubringen.

Toast

MIT GEGRILLTEM HALOUMI, SPIEGELEI UND HONIG

10 Minuten
4 Portionen

4 Scheiben Toastbrot
1 EL salzige Mango-Papaya-Butter (Seite 67)
2 Handvoll Rucola
4 Scheiben Haloumi, etwa 1 cm dick
2 EL Olivenöl
1 TL Thymianblättchen
1 große Paprika, entkernt, in Ringe geschnitten
4 Eier
Meersalz, frisch gemahlener Pfeffer, Chiliflocken
1 EL Akazienhonig

1 Das Toastbrot im Toaster oder im Backofen rösten und mit der Mango-Papaya-Butter bestreichen. Den Rucola darauf verteilen.

2 Eine beschichtete Bratpfanne erhitzen und darin den Haloumi von beiden Seiten goldbraun braten. Gegen Ende das Olivenöl und den Thymian in die Pfanne geben und den Käse darin schwenken. Aus der Pfanne nehmen und auf dem Toast platzieren.

3 In der noch heißen Pfanne die Paprikaringe von beiden Seiten anbraten. Wenn die Ränder angebräunt sind, die Eier vorsichtig jeweils in die Mitte der Ringe gleiten lassen und bei mittlerer Hitze stocken lassen. Die Paprika-Eier mit einem Pfannenheber herausnehmen und auf den Haloumi setzen. Mit Salz, Pfeffer und Chiliflocken würzen und etwas Akazienhonig darüberträufeln.

TOTAL CRAZY!
TOTAL LECKER!

French Toast

MIT SCHOKO-BACON-STREIFEN

10 Minuten
4 Portionen

Für die Schoko-Bacon-Streifen
400 g Bacon (Frühstücksspeck)
3 EL Ahornsirup
1 EL Zucker
½ TL gemahlener schwarzer Pfeffer
200 g dunkle Kuvertüre, geschmolzen

Für den French Toast
4 Eier
250 ml Milch
1 TL Zimt
1 EL Butterschmalz
4 Scheiben Briochebrot
4 EL dunkle Fruchtmarmelade
(z. B. Kirschen- oder Brombeer-)
Puderzucker
ein paar Himbeeren
zum Garnieren

Aus der amerikanischen Hipster-Szene nicht mehr wegzudenken. Die Schoko-Bacon-Streifen kann man auch prima vorbereiten. Sie halten sich gut 3–4 Tage im Kühlschrank.

1 Den Ofen auf 180 Grad vorheizen. Die Speckscheiben auf ein mit Backpapier belegtes Blech legen und im Ofen 10 Minuten backen. Danach die Streifen umdrehen und weitere 5 Minuten backen. In der Zwischenzeit den Ahornsirup mit Zucker und Pfeffer vermischen.

2 Nach 15 Minuten Backzeit den Speck alle 5 Minuten mit dem Ahornsirup bestreichen und umdrehen. So lange backen, bis er schön knusprig ist. Das dauert etwa 20 Minuten. Aus dem Ofen nehmen und abkühlen lassen.

3 Die Speckscheiben mit der Kuvertüre rundherum bestreichen und die Schokolade aushärten lassen.

4 Inzwischen für den Toast die Eier mit der Milch und dem Zimt vermischen. Das Butterschmalz in einer beschichteten Pfanne erhitzen. Die Brotscheiben durch die Eimasse ziehen und im heißen Schmalz nacheinander von beiden Seiten goldbraun braten. Vier der Toastscheiben auf Teller legen, mit der Marmelade bestreichen und die restlichen Brotscheiben auflegen. Die Schoko-Bacon-Streifen dekorativ darauflegen und das Ganze mit Puderzucker bestäuben.

Clubsandwich

MIT GEGRILLTER WASSERMELONE

20 Minuten
4 Stück

100 g Mayonnaise
1 EL süßer Senf
Meersalz,
frisch gemahlener Pfeffer
4 dünne Viertelscheiben Wassermelone, geschält
12 Scheiben Vollkorntoast
8 Blätter Kopfsalat
12 hauchdünne Scheiben gekochte Hähnchenbrust (Aufschnitt)
4 Eier, hart gekocht
2 Tomaten, in Scheiben geschnitten
12 Scheiben Bacon (Frühstücksspeck)

1 Die Mayonnaise mit dem Senf verrühren und mit Salz und Pfeffer abschmecken.

2 Eine Grillpfanne erhitzen und darin die Melonenscheiben grillen, bis sie deutliche Grillstreifen aufweisen.

3 Das Toastbrot im Toaster oder im Backofen rösten. Auf einer Seite mit der Senfmayonnaise bestreichen. 4 Toastscheiben jeweils mit den Salatblättern, der Hähnchenbrust und den gegrillten Melonenscheiben belegen. Eine weitere Toastscheibe, mit der bestrichenen Seite nach oben, auflegen.

4 Die Eier schälen und in Scheiben schneiden (wer hat, benützt hierfür einen Eierschneider). Die zweite Toastscheibe mit den Eiern und den Tomaten belegen.

5 Den Speck ohne Fett in einer Pfanne knusprig braten und obendrauf legen. Mit den letzten vier Toastscheiben – nun natürlich mit der bestrichenen Seite nach unten – abdecken. Im Original werden sie diagonal durchgeschnitten serviert. Sie schmecken aber genauso, wenn man einfach so hungrig hineinbeißt! Die Melone gibt dem ganzen den süßen Extra-Kick.

Gebackene Tramezzini

mit Ziegenkäse, Trauben und Walnüssen

15 Minuten
4 Stück

200 g körniger Frischkäse (Cottage Cheese)
3 EL Olivenöl
Saft von ½ Limette
1 Prise frisch geriebene Muskatnuss
1 Knoblauchzehe, gepresst
Meersalz
4 Scheiben Tramezzinibrot, etwa 25 cm lang
2 EL Dattelaufstrich (Seite 68)
200 g Ziegenkäserolle
60 g Walnüsse, gehackt
100 g kernlose Weintrauben, halbiert
1 EL Rosmarin, gehackt

1 Den Frischkäse mit 1 EL Öl, Limettensaft, Muskatnuss und Knoblauch mischen und mit Salz abschmecken.

2 Die Tramezzinischeiben zuerst mit dem Dattelaufstrich und dann mit dem Frischkäse bestreichen. Den Ziegenkäse in Scheiben schneiden und auf zwei der Tramezzinischeiben verteilen. Die gehackten Walnüsse und die Trauben ebenfalls darauf verteilen. Mit den beiden verbleibenden Tramezzinischeiben bedecken und gut festdrücken. Die gefüllten Brote halbieren.

3 Die restlichen 2 EL Öl in einer beschichteten Pfanne erhitzen, den Rosmarin hineingeben und die Tramezzini darin bei geringer Hitze von beiden Seiten goldbraun anbraten. Der Rosmarin bleibt nun überall am Brot hängen und wird schön knusprig. Die Tramezzini herausnehmen und servieren.

WOW, DER KÖSTLICHSTE
DUFT, DEN MAN SICH VORSTELLEN KANN, ZIEHT
DURCH DAS GANZE HAUS UND WIEDER ZURÜCK
AN UNSEREN TISCH. UND JETZT,
ZUGREIFEN LEUTE!

Aus dem Ofen

Kirschenmichl

MIT SAUERTEIGBROT UND BALSAMICOCREME

15 Minuten +
1 Stunde Backzeit
4–6 Portionen

Für den Kirschenmichl
500 g Sauerteigbrot
600 ml Milch
5 Brötchen vom Vortag
100 g Butter
5 Eier
150 g Zucker
Mark von 1 Vanilleschote, ausgekratzt
1 Prise Zimt
1 Prise Salz
1½ kg Süßkirschen, entsteint
Butter für die Form

Für die Balsamicocreme
200 ml Kirschsaft
50 ml weißer Balsamicoessig
2 EL Zucker

4–6 Scheiben Frühstücksspeck, knusprig gebacken, als Garnitur

1 Den Backofen auf 160 Grad vorheizen. Das Sauerteigbrot in Wasser einweichen. Die Milch erhitzen, aber nicht kochen. Die Brötchen in dünne Scheiben schneiden, mit der heißen Milch übergießen und zugedeckt etwas ziehen lassen. Mit den Händen das Wasser aus dem Brot drücken, zu den Brötchen geben und alles gut vermengen. Die Butter schmelzen und zu der Brötchenmasse geben. Eier, Zucker, Vanille, Zimt und Salz dazugeben. Alles gut mit den Händen vermischen. Die Kirschen unterheben.

2 Eine Auflaufform buttern, die Brotmasse hineingeben und im vorgeheizten Ofen etwa 1 Stunde backen, bis die Oberfläche schön knusprig ist.

3 In der Zwischenzeit Kirschsaft, Balsamico und Zucker in einen Topf geben, aufkochen und einkochen, bis ein Sirup entstanden ist. Etwas abkühlen lassen.

Den Auflauf aus dem Ofen nehmen und portionsweise auf Tellern anrichten, mit dem Sirup beträufeln und mit dem Speck garnieren.

Rhabarber-Crumble

MIT PARMASCHINKEN

45 Minuten
4 Portionen

600 g Rhabarber, geschält, in große Stücke geschnitten
100 g Parmaschinken
200 g Mehl
100 g kalte Butter, gewürfelt
100 g brauner Zucker
1 Prise Zimt
Butter für die Form

1 Den Backofen auf 180 Grad vorheizen. Die Rhabarberstücke mit dem Schinken umwickeln. Dafür den Schinken in passende Stücke teilen. Die umwickelten Stangen in eine gebutterte Form legen.

2 Das Mehl in eine Schüssel geben, die Butterwürfel, den Zucker und den Zimt zugeben und alles mit den Händen zu Streuseln verkneten. Die Streusel über die Rhabarberstangen verteilen und im vorgeheizten Ofen etwa 35–40 Minuten backen. Aus dem Ofen nehmen und auf Tellern anrichten.

Wer mag, kann etwas Butter schmelzen, ein paar Salbeiblätter darin frittieren und über den Crumble verteilen.

Brasilianische Empanadas

mit Rumrosinen

30 Minuten
4 Portionen

1 EL Kokosöl
50 g Speck, gewürfelt
1 Zwiebel, gewürfelt
200 g Rinderhackfleisch
Salz, frisch gemahlener Pfeffer
½ TL Paprikapulver edelsüß
3 getrocknete Tomaten, klein geschnitten
5 EL Rumrosinen
1 EL Kokoschips
1 Rolle Blätterteig, ausgewallt

1 Den Backofen auf 220 Grad vorheizen. Das Kokosöl in einer Pfanne erhitzen, den Speck und die Zwiebel darin andünsten. Das Hackfleisch dazugeben und anbraten, bis es krümelig ist. Mit Salz, Pfeffer und Paprika kräftig würzen. Die Tomaten, die Rumrosinen und die Kokoschips zugeben und nochmals abschmecken.

2 Den Blätterteig in 4 Quadrate teilen. Je ein Viertel der Hackfleischmasse in die Mitte jedes Blätterteigteils geben. Die Teigränder mit Wasser befeuchten und den Teig zu Dreiecken falten. Die Ränder fest andrücken.

3 Die Teigtaschen auf ein mit Backpapier belegtes Blech legen. Im vorgeheizten Ofen etwa 20 Minuten backen, herausnehmen etwas abkühlen lassen. Die Empanadas können heiß und kalt gegessen werden.

EINE DECKE UND EIN PAAR
EMPANADS EINPACKEN. FREUNDE ANRUFEN,
IM PARK MUSIK HÖREN
UND VON SÜDAMERIKA TRÄUMEN ...

Brezel-Käse-Auflauf

MIT PFLAUMENMUS

35 Minuten
4 Portionen

1 EL Olivenöl
2 Zwiebeln, fein gehackt
1 Brezel, in Stücke geschnitten
120 g Bergkäse, gewürfelt
2 EL Schnittlauch,
in feine Röllchen geschnitten
3 Eier
100 g Rahm
Meersalz,
frisch gemahlener Pfeffer
Butter für die Form
Schnittlauch, in feine Röllchen geschnitten,
zum Garnieren

1 Den Backofen auf 220 Grad vorheizen. Das Olivenöl in einer Pfanne erhitzen, die Zwiebeln darin andünsten und in eine Schüssel geben. Brezel, Käse und Schnittlauch vermischen. Die Eier und den Rahm verquirlen, ebenfalls in die Schüssel geben und alles gut vermengen. Mit Salz und Pfeffer abschmecken.

2 Eine Auflaufform ausbuttern und die Masse hineingeben. Den Auflauf im vorgeheizten Ofen etwa 30 Minuten backen. Herausnehmen, in Portionsstücke schneiden und mit Schnittlauch garnieren.

Dazu passt das Pflaumenmus von Seite 67, mit oder ohne Gruyère – je nachdem wie »käsig« man es gerne mag.

Toast-muffins

MIT EI UND SALZIGEN KARAMELLSTREUSELN

GIBT ES ETWAS SCHÖNERES ALS EIN WIRKLICH CREMIGES FRÜHSTÜCKSEI ?

35 Minuten
6 Stück

Für die Streusel
2 TL brauner Zucker
20 g weiche Butter
50 g Mehl
4 Karamellbonbons, gehackt
½ TL Meersalz

Für die Muffins
6 Scheiben Sandwichtoast
1 EL Butter, weich
6 kleine hauchdünne Scheiben Kochschinken
6 Eier
Meersalz, frisch gemahlener Pfeffer
Kürbissirup (Seite 28) zum Begießen

---

1 Für die Streusel den braunen Zucker mit der Butter und dem Mehl mit den Händen vermengen. Die gehackten Karamellbonbons und das Meersalz unterkneten, bis kleine Streusel entstehen. Bis zur Verwendung kalt stellen.

2 Den Backofen auf 180 Grad vorheizen. Die Toastbrotscheiben mit einem Nudelholz flach rollen, mit der Butter auf einer Seite bestreichen und mit dieser Seite nach unten in 6 Muffinförmchen aus Papier drücken. Die Förmchen in die Mulden des Muffinblechs setzen. Jeweils eine Scheibe Schinken hineinlegen und ein Ei in die Mulde gleiten lassen. Mit Salz und Pfeffer würzen. Das Muffinblech in den vorgeheizten Ofen schieben und 5 Minuten backen. Dann die Streusel auf den Eiern verteilen und weitere 5–6 Minuten backen. Die Muffins aus dem Ofen nehmen, kurz abkühlen lassen, dann vorsichtig mit den Förmchen herausheben. Nochmals etwas abkühlen lassen, dann die Förmchen entfernen. Mit Kürbissirup übergießen und genießen.

Filoteigpizza

10 Minuten
Pro Blech 4 Stücke

MIT BACON, SPIEGELEI UND AHORNSIRUP

Für die Bacon-Variante
1 EL Olivenöl
100 g Crème fraîche
1 TL Pizzakräuter, getrocknet
100 g Bacon (Frühstücksspeck)
4 Eier
1 Kugel Mozzarella, zerzupft
4 Frühlingszwiebeln, in feine Ringe geschnitten
Meersalz
2 EL Ahornsirup

MIT ZIEGENKÄSE UND BROMBEEREN

Für die Ziegenkäse-Variante
1 EL Olivenöl
200 g Ziegenkäserolle, in Scheiben geschnitten
100 g Crème fraîche
1 EL Thymianblättchen
100 g Brombeeren
100 g Pizzakäse, geraspelt
1 EL Honig

1 Den Ofen auf 250 Grad vorheizen. 2 Bleche mit Backpapier belegen. Jeweils ein Blatt Filoteig darauflegen und mit etwas Olivenöl bepinseln. Ein zweites Blatt auflegen, wieder mit Öl bepinseln und ein drittes Blatt darauflegen.

2 Auf beiden Teigen zuerst die Crème fraîche verstreichen, dann alle Zutaten, bis auf den Ahornsirup bzw. den Honig, jeweils gleichmäßig darauf verteilen. Bei den Eiern darauf achten, dass sie nicht zu sehr verlaufen können. Ein Trick ist, aus Frühlingszwiebeln eine Begrenzung zu bilden, sodass die Eier darin hängen bleiben.

3 Beide Bleche in den Ofen geben und die Pizzen etwa 5 Minuten backen. Aber Vorsicht: Da der Ofen sehr heiß ist, geht es wirklich rasend schnell. Wenn der Teig am Rand schön goldbraun ist und der Käse Blasen wirft, die Bleche aus dem Ofen nehmen. Die Eier mit Meersalz bestreuen und den Ahornsirup bzw. Honig großzügig auf den Pizzen verteilen. Mit einem Pizzaschneider in Stücke teilen und verputzen.

Der hier verwendete Filoteig heißt auch Yufka- oder Strudelteig. Der Teig ist sehr dünn und trocknet schnell aus, wenn die Packung geöffnet ist. Daher verbraucht man ihn am besten gleich ganz und experimentiert nach Wunsch noch mit anderen Zutaten.

Müsli-Cupcakes

MIT SWEET-CHILI-TOPPING

20 Minuten +
20 Minuten Backzeit
12 Stück

Für den Teig
100 g Butter
100 g Haferflocken
100 g Vollkornmehl
1 TL Backpulver
100 g Zucker
1 Prise Salz
½ TL gemahlener Zimt
2 Eier
200 ml Milch
70 g Cranberrys, getrocknet
150 g gemischte Beeren, frisch oder tiefgekühlt
40 g Mandelstifte
60 g Knuspermüsli

Für das Topping
200 g Frischkäse
100 g Butter
2 EL Puderzucker
1 EL Sweet Chili Sauce (Asialaden)
Chiliflocken

1 Muffinblech
12 Papierförmchen

1 Den Ofen auf 160 Grad vorheizen. Die Butter schmelzen und abkühlen lassen. Haferflocken, Mehl, Backpulver, Zucker, Salz, Zimt, Eier, Milch und die geschmolzene Butter in eine Schüssel geben und zu einem glatten Teig verarbeiten.

2 Papierförmchen in die Mulden des Muffinblechs setzen. Den Teig in die Förmchen verteilen. Die Cranberrys und die Früchte daraufgeben (tiefgekühlte Beeren ruhig unaufgetaut verwenden). Mit den Mandelstiften und dem Müsli bestreuen und im Ofen etwa 25 Minuten backen. Das Blech aus dem Ofen nehmen, die Cupcakes herausheben und auf einem Gitter abkühlen lassen.

3 Die Zutaten für das Topping gut vermischen, in einen Spritzbeutel füllen und die Cupcakes damit verzieren. Zum Schluss noch mit ein paar Chiliflocken bestreuen.

Blätterteigschnecken

MIT ZIMT, CHORIZO UND CHORIZOMARMELADE

20 Minuten
12 kleine Schnecken

Für die Schnecken
1 Packung Blätterteig aus dem Kühlregal
150 g Frischkäse
1 Prise Zimt
1 TL Zucker
Meersalz
150 g Chorizo, fein gewürfelt
12 salzige Honigmandeln, fertig gekauft
Hagelzucker zum Bestreuen

Für die Marmelade
1 EL Pflanzenöl
3 Schalotten, gewürfelt
200 g Chorizo, grob gewürfelt
2 EL Tomatenmark
3 EL Honig
getrocknete Chiliflocken
Meersalz, frisch gemahlener Pfeffer

---

1 Den Ofen auf 180 Grad vorheizen. Den Blätterteig ausrollen. Den Frischkäse darauf ausstreichen, mit Zimt, Zucker und etwas Meersalz bestreuen. Die Chorizo darauf verteilen.

2 Den Blätterteig von der langen Seite her aufrollen und die entstandene Rolle in 1½ cm breite Scheiben schneiden. Die Scheiben auf ein mit Backpapier belegtes Blech legen und mit der Hand leicht flach drücken. Im vorgeheizten Ofen etwa 15 Minuten backen. Die Schnecken herausnehmen und auf einem Kuchengitter abkühlen lassen. Je eine Honigmandel in die Mitte drücken und mit Hagelzucker bestreuen.

3 In der Zwischenzeit für die Marmelade das Öl in einem Topf erhitzen und die Schalotten darin andünsten. Die Chorizostücke hineingeben und etwa 5 Minuten braten. Das Tomatenmark, den Honig und die Gewürze zugeben und alles etwa 15 Minuten schmoren. Anschließend mit dem Pürierstab pürieren. Die fertige Marmelade in ein hübsches Glas geben, abkühlen lassen und zu den Chorizoschnecken servieren.

DU DICKES EI, SCHNELL REIN IN
MEINE PFANNE. DU GIBST MIR DIE KRAFT
ZURÜCK, DIE MIR IRGENDWO GESTERN
ABEND ABHANDEN GEKOMMEN IST.
DAFÜR LIEBE ICH DICH! ECHT.

Omeletts & Co.

Kokosomelett

MIT BANANEN, ERDNÜSSEN UND REIS ⓥ

10 Minuten
2 Portionen

2 Eier
4 EL Kokosmilch
½ TL Salz
40 g gemischter Reis
(Langkorn- und Wildreis), gekocht
1 TL Minze, in kleine Stücke gezupft
1 EL gesalzene Erdnüsse, gehackt
2 TL Kokosöl
2 EL Kokosraspel
1 TL Kokosblütenzucker
oder brauner Zucker
1 Banane, in Scheiben geschnitten

1 Die Eier mit der Kokosmilch und dem Salz verquirlen. Den Reis, die Minze und die Erdnüsse hineingeben.

2 Das Kokosöl in einer beschichteten Pfanne erhitzen. Die Kokosraspel mit dem Zucker kurz rösten. Die Eimischung auf die Kokosraspel in die Pfanne geben. Die Bananenscheiben darauf verteilen und das Omelett stocken lassen. Wenn es etwas fest und goldbraun geworden ist, mit einem Pfannenheber umdrehen und von der anderen Seite braten.

Falls das Omelett beim Wenden zerreißt, kein Problem! Dann wird es einfach zerrupft (so wie beim Kaiserschmarrn) und so getan, als müsste es so sein.

EIN PERFEKTES REZEPT,
WENN MAN NOCH EIN BISSCHEN REIS VOM
VORABEND ÜBRIG HAT!

Tortilla

Mit Rostbratwürstchen und Frucht-Senf-Creme

40 Minuten
4–6 Portionen

Für die Creme
2 Passionsfrüchte, Fruchtmark ausgekratzt
100 g Doppelrahm-Frischkäse
1 TL süßer Senf
1 TL Honig

Für die Tortilla
100 ml Pflanzenöl
500 g Kartoffeln, geschält, in ½ cm dicke Scheiben geschnitten
2 große Zwiebeln, gewürfelt
1 TL Salz
frisch gemahlener Pfeffer
6 Eier
6 kleine Rostbratwürstchen

1 Alle Zutaten für die Creme gut vermischen.

2 Das Öl in einer beschichteten Pfanne erhitzen und die Kartoffelscheiben darin bei mittlerer Hitze etwa 10 Minuten braten. Dann die Zwiebeln dazugeben und weitere 10 Minuten braten, bis die Kartoffeln gar sind. Mit Salz und Pfeffer würzen und die Kartoffeln etwas abkühlen lassen.

3 Die Eier in einer großen Schüssel verquirlen und salzen. Die gebratenen Kartoffelscheiben hineingeben, mit den Eiern gut vermengen und zurück in die Pfanne geben. Bei mittlerer Hitze 5 Minuten goldgelb braten, bis das Ei anfängt zu stocken. Die Tortilla auf einen großen Teller gleiten lassen, die Pfanne umgedreht auflegen und das Ganze mit etwas Schwung umdrehen. Die zweite Seite ebenfalls goldbraun braten.

4 In der Zwischenzeit die Bratwürste in der Pfanne, auf einer Grillplatte oder auf dem Grill braten. Wenn sie fertig sind, warm halten. Die Bratwürste längs halbieren oder ganz lassen, auf der Tortilla anrichten und die Frucht-Senf-Creme dazu reichen.

Sweet Omelett

MIT GARNELEN

15 Minuten
2 Portionen

120 g Garnelen, gekocht, klein geschnitten
1 rote Chili, entkernt, in feine Ringe geschnitten
2 Frühlingszwiebeln, in Ringe geschnitten
2 TL frisch geraspelter Ingwer
3 Eier
2 TL Sojasauce
3 TL Austernsauce
1 TL Zucker
Pflanzenöl zum Braten
1 TL Honig
1 TL Sesam

1 In einer Schüssel die Garnelenstücke mit der Hälfte der Chiliringe, der Hälfte der Frühlingszwiebeln und dem Ingwer vermischen. In einer zweiten Schüssel die Eier zusammen mit Sojasauce, Austernsauce und Zucker aufschlagen.

2 In einer beschichteten Pfanne etwas Öl erhitzen und die Eimasse hineingeben. Bei mittlerer Hitze braten, bis das Ei am Rand zu blubbern beginnt. Dann vorsichtig mit einem Pfannenheber umdrehen und auf der anderen Seite braten. Aus der Pfanne nehmen und auf einen Teller geben.

3 Die Garnelen in die Mitte des Omeletts geben und das Omelett aufrollen. In zwei Hälften schneiden, mit den restlichen Chiliringen und Frühlingszwiebeln garnieren. Mit dem Honig beträufeln und mit Sesam bestreuen.

Im Japanischen heißt Tamago übrigens gerolltes, gesüßtes Omelett. Es wird oft zur Zubereitung von Sushi verwendet.

Shakshuka

MIT ROSINEN

40 Minuten
4 kleine Portionen

2 EL Olivenöl
2 TL Tomatenmark
2 EL Harissa
2 große Paprika, entkernt, in Streifen geschnitten
2 Knoblauchzehen, fein gehackt
1 TL Kreuzkümmel
Salz
800 g stückige Tomaten aus der Dose
100 g Rosinen
1 EL brauner Zucker
4 Eier
1 EL brauner Zucker

120 g stichfester Naturjoghurt
1 TL getrocknete Minze
Meersalz
200 g salzige Honigmandeln, fertig gekauft, gehackt (wer mag)
1 Frühlingszwiebel, in Ringe geschnitten zum Bestreuen

1 Das Olivenöl in einer Pfanne erhitzen und das Tomatenmark kurz anbraten. Harissa, Paprikastreifen, Knoblauch, Kreuzkümmel und ½ TL Salz hinzugeben, gut verrühren und schmoren, bis die Paprika weich ist. Die Tomaten samt Saft, die Rosinen und den Zucker dazugeben und etwa 10 Minuten weiterkochen. Abschmecken.

2 Vier kleine Vertiefungen in die Sauce drücken und die Eier vorsichtig hineingeben. Das Eiweiß leicht mit der Sauce verrühren, aber so, dass die Eigelbe nicht kaputt gehen! Weitere 10 Minuten köcheln lassen, bis das Eiweiß gestockt ist, die Eigelbe aber noch flüssig sind. Nach 5 Minuten kann man die Pfanne mit Alufolie abdecken. Das speichert die Hitze und lässt das Eiweiß schneller fest werden.

3 Den Joghurt mit der getrockneten Minz verrühren und mit Meersalz würzen. Die Shakshuka mit der Frühlingszwiebel und, wer mag, mit den Mandeln garnieren und am besten in der Pfanne auf den Tisch stellen. So kann sich jeder so viel nehmen, wie er möchte. Den Minzejoghurt separat dazu reichen. Dazu schmeckt frisches Fladenbrot.

Gemüseomelett

aus dem Waffeleisen und Minutensteaks mit Honig-Chili-Sauce

10 Minuten
2 Portionen

Für die Honig-Chili-Sauce
2 EL Ketchup
2 TL Honig
½ TL Currypulver
Chiliflocken

Für die Omeletts
3 Eier
Salz, frisch gemahlener Pfeffer
2 Kirschtomaten, klein gewürfelt
1 kleine Zwiebel, fein gewürfelt
1 Bund Schnittlauch, in feine Ringe geschnitten
weiteres klein gewürfeltes Gemüse nach Belieben

Öl für das Waffeleisen
2 kleine Minutensteaks
Meersalz

1 Für die Sauce das Ketchup mit Honig und Currypulver vermischen. Je nach gewünschter Schärfe mehr oder weniger Chiliflocken untermischen.

2 Für die Omeletts die Eier in einer Schüssel verquirlen und mit allen weiteren Zutaten vermischen.

3 Das Waffeleisen fetten und aufheizen. Jeweils ein Steak in das Waffeleisen geben, die Hälfte der Omelettmasse daraufgießen und ausbacken. Das zweite Omelett auf dieselbe Weise backen.

4 Die Omeletts auf Teller geben und großzügig mit der Honig-Chili-Sauce beträufeln.

Frittiertes Cornflakes-Ei

AUF SÜSSER AVOCADOCREME

10 Minuten
2 Portionen

Für die Avocadocreme
1 reife Avocado, halbiert und entsteint
2 EL Orangensaft
2 EL Frischkäse
2 EL Zucker
Mark von 1 Vanilleschote, ausgekratzt

Für die Eier
2 Eier
100 g Cornflakes
(Experimentierfreudige nehmen süße oder crunchy Cornflakes)
3 Eigelb
Meersalz
3 EL Semmelbrösel
Mehl zum Bestäuben
Rapsöl zum Frittieren

1 Chilischote, entkernt, in feine Ringe geschnitten

1 Das Avocadofruchtfleisch mit einem Löffel aus der Schale lösen und in ein hohes Gefäß geben. Mit Orangensaft, Frischkäse, Zucker und Vanillemark fein pürieren und kalt stellen.

2 Einen Topf mit Wasser zum Kochen bringen. Die Eier anpieksen und vorsichtig in das kochende Wasser geben. 3 Minuten kochen, dann sofort in eiskaltes Wasser legen und 15 Minuten abkühlen lassen. Die Eier vorsichtig schälen und auf Küchenpapier legen. Da die Eier total wabbelig sind, erfordert das ein wenig Fingerspitzengefühl.

3 Die Cornflakes in einen Gefrierbeutel geben, mit dem Nudelholz zerkleinern und die Brösel in einen tiefen Teller geben. Die Eigelbe in einem zweiten tiefen Teller mit etwas Meersalz verquirlen. In einen dritten tiefen Teller die Semmelbrösel geben. Die gekochten Eier rundherum mit Mehl bestäuben. Dann mit einem Suppenlöffel in das verquirlte Eigelb geben und vorsichtig darin wenden, sodass sie rundherum mit Eigelb bedeckt sind. Nun in den Semmelbröseln wenden, anschließend nochmals im Ei und dann in den Cornflakes-Bröseln wenden.

4 In einem Topf so viel Rapsöl erhitzen, dass die Eier später damit bedeckt sind. Zum Prüfen, ob das Fett heiß genug ist, kann man ein übrig gebliebenes Stück Cornflakes in das Öl werfen. Wenn sich sofort Blasen bilden, ist das Öl heiß genug. Die panierten Eier mit einem Löffel vorsichtig ins heiße Fett geben und goldbraun ausbacken. Mit einer Schaumkelle herausheben und auf Küchenpapier abtropfen lassen.

Die Avocadocreme auf kleine Vorspeisenteller geben und das Ei darauf anrichten. Mit Meersalz würzen und die Chiliringe darauf verteilen.

Eggs Benedict Hawaii

IM CROISSANT

40 Minuten
4 Stück

Für die Sauce
2 Eigelb, von sehr frischen Eiern
1 TL Crème fraîche
125 g Butter
Meersalz, frisch gemahlener Pfeffer
1 Spritzer Zitronensaft
½ rote Chilischote, fein gehackt
1 Prise Zucker

8 Scheiben Parma- oder Serranoschinken
4 Scheiben Ananas aus der Dose, abgetropft
2 Croissants

2 EL Weißweinessig
4 Eier

1 Für die Sauce die Eigelbe mit der Crème fraîche in einem hohen Gefäß mit dem Handmixer verrühren. Die Butter in einem Topf schmelzen und unter fortlaufendem Rühren in einem dünnen Strahl unter die Eimischung rühren. Mit Salz, Pfeffer, Zitronensaft, Chilischote und Zucker abschmecken.

2 Den Schinken in eine beschichtete Pfanne geben und ohne Fett knusprig backen. Anschließend auf Küchenpapier legen. Die Croissants quer halbieren, die Schinkenscheiben und die Ananas darauf verteilen. Die Croissanthälften auf ein mit Backpapier belegtes Blech geben und bereithalten. Den Backofengrill auf 180 Grad vorheizen.

3 Wasser und Essig in einem großen Topf erhitzen, bis es zu sieden beginnt. Die Eier einzeln in eine Suppenkelle aufschlagen und nacheinander ins Wasser gleiten lassen. Die Eier bei schwacher Hitze 5 Minuten ziehen lassen. Die Eier mit einer Schaumkelle herausheben, kurz abtropfen lassen und auf den Croissanthälften platzieren.

4 Die Eier mit der Sauce überziehen. Sofort in den Ofen schieben und unter dem Backofengrill maximal 1 Minute überbacken. Herausnehmen und mit Salz und Pfeffer würzen.

Schneller Frühstücksburrito

MIT ERDNUSSBUTTER

10 Minuten
4 Stück

4 kleine Weizentortillas
4 EL Erdnussbutter
4 EL dunkle Schokolade, geraspelt
6 Eier
Meersalz
1 EL Kokosöl
4 EL Ahornsirup
2 EL gehackte Pistazien

1 Die Weizentortillas jeweils mit 1 EL Erdnussbutter bestreichen und mit 1 EL Schokoladeraspeln bestreuen.

2 Die Eier mit etwas Salz verquirlen. Das Kokosöl in einer Pfanne erhitzen. Aus der Eimasse Rührei herstellen und auf den Tortillas verteilen.

3 Die Tortillas aufrollen und in der noch heißen Pfanne von allen Seiten bräunen. Aus der Pfanne nehmen, mit dem Ahornsirup übergießen und mit den Pistazien bestreuen.

DER ABSOLUTE BURRITO-HIMMEL!
SO YUMMY.

OH MANN, GLEICH KOMMT DIE
HUNGRIGE MEUTE. ABER ICH BIN GUT
VORBEREITET. HIER GEHT KEINER
HUNGRIG NACH HAUSE. VERSPROCHEN.

Für den größeren Hunger

Himbeerrisotto

MIT LAMMFILETS UND PARMESAN

25 Minuten
4 Portionen

Für das Himbeerrisotto
1½ l Gemüsebrühe
50 g Butter
1 Schalotte, fein gewürfelt
350 g Risottoreis
100 ml trockener Weißwein
Meersalz, frisch gemahlener Pfeffer
100 g frische Himbeeren
1 Prise Tonkabohne, gerieben

Für die Lammfilets
2 EL Rapsöl
1 Knoblauchzehe, mit der Schale zerdrückt
1 TL Rosmarin, gehackt
8 kleine Lammfilets
Meersalz, frisch gemahlener Pfeffer
4 TL Himbeermarmelade
4 EL Parmesan, gehobelt

Die Tonkabohne gibt dem Gericht eine Vanillenote. Sie schmeckt ganz schön intensiv und sollte, wie Muskatnuss, nur sparsam verwendet werden.

1 Die Brühe in einem Topf aufkochen. Die Butter in einem zweiten Topf aufschäumen lassen und die Schalotte darin hellgelb dünsten. Den Reis dazugeben und unter Rühren 2–3 Minuten mitdünsten. Den Wein zugießen und unter ständigem Rühren ganz einkochen lassen. Nun von der heißen Brühe eine Kelle dazugeben, umrühren und einkochen lassen. Diesen Vorgang jedes Mal wiederholen, wenn der Reis die Flüssigkeit aufgesogen hat. Den Reis so etwa 25 Minuten kochen lassen, dabei regelmäßig umrühren, sonst backt er am Topfboden an. Nach 25 Minuten probieren, ob der Reis al dente ist. Wer ihn weicher mag, lässt ihn einfach noch 5 Minuten länger köcheln. Das Risotto sollte nun schön cremig sein. Mit Salz und Pfeffer abschmecken. Zum Schluss die Himbeeren vorsichtig unterheben. Wer will, kann eine kleine Prise Tonkabohne über das Risotto reiben.

2 Das Rapsöl in einer Pfanne erhitzen. Knoblauch und Rosmarin in die Pfanne geben und kurz schwenken. Die Lammfilets ebenfalls in die Pfanne geben und etwa 4 Minuten unter Wenden braten. Mit Salz und Pfeffer würzen. Herausnehmen, in Alufolie wickeln und kurz ruhen lassen.

3 Das Risotto auf Tellern anrichten und die Lammfilets darauf verteilen. Jeweils einen Klecks Himbeermarmelade auf das Risotto geben und mit dem gehobelten Parmesan bestreuen.

Balsamicolinsen

MIT CHERRYTOMATEN UND BLAUBEEREN

35 Minuten
4 Portionen

400 g Belugalinsen
1 Lorbeerblatt
500 g Cherrytomaten, möglichst ein bunter Mix aus roten und gelben
2 EL Kürbiskerne
2 TL Zucker
4 EL Olivenöl
1 EL getrockneter Oregano
1 EL Crema di Balsamico
1 EL Ahornsirup
10 Basilikumblätter, in Stücke gerupft
Meersalz, frisch gemahlener Pfeffer
150 g Blaubeeren

1 Die Linsen mit dem Lorbeerblatt nach Packungsanweisung kochen; sie sollten noch etwas bissfest sein. In ein Sieb abschütten, abtropfen lassen und, wenn sie abgekühlt sind, in eine hohe Schüssel geben. Die Cherrytomaten quetschen, bis sie platzen und zu den Linsen geben. – Das klingt vielleicht komisch, ist aber genial, weil der austretende Saft einen leckeren Bestandteil des Dressings ergibt.

2 Die Kürbiskerne in einer Pfanne ohne Fett rösten, bis sie duften und eine schöne Farbe haben. Dann die Kerne abkühlen lassen.

3 Zucker, Olivenöl, Oregano, Crema di Balsamico und Ahornsirup zu den Linsen und Tomaten geben und das Ganze gut mischen. Das Basilikum, die gerösteten Kürbiskerne und die Blaubeeren zugeben und nochmals vorsichtig mischen. Ein frisches Baguette dazu und der Tag ist perfekt.

JA, RICHTIG GELESEN ...
BLAUBEEREN!

Kokossuppe

MIT BANANEN UND SPINAT

25 Minuten
4 Portionen

1 l Gemüsebrühe
500 g Karotten, geschält, in Scheiben geschnitten
200 g Topinambur, geschält, in Scheiben geschnitten
2 Zwiebeln, fein gewürfelt
4 Stangen Sellerie, in Scheiben geschnitten
1 EL frisch geriebener Ingwer
2 TL Kurkuma
100 g Erdnussbutter, crunchy
100 ml Kokosmilch
Saft von 1 Limette
3 TL helle Sojasauce
400 g Jungspinat, geputzt und gewaschen
2 nicht zu reife Bananen, geschält, in Scheiben geschnitten
1 TL Chiliflocken
1 TL frische Thymianblättchen

1 Die Gemüsebrühe aufkochen. Karotten, Topinambur, Zwiebeln und Sellerie zusammen mit Ingwer und Kurkuma hineingeben und zugedeckt bei mittlerer Hitze 10 Minuten köcheln lassen.

2 Die Erdnussbutter und die Kokosmilch in die Suppe rühren und weiter köcheln lassen. Mit Limettensaft und der Sojasauce abschmecken. Zuletzt den Spinat in die Suppe geben und vorsichtig unterheben, bis er gerade in sich zusammenfällt. Jetzt muss es schnell gehen, denn er soll nicht matschig werden. Die Suppe in tiefen Tellern anrichten und mit Bananenscheiben, Chiliflocken und Thymian garnieren.

Matjessalat

MIT APFEL, ROTER BETE UND ORANGENRICOTTA

15 Minuten
4 Portionen

Für den Salat
4 Matjesfilets, in Stücke geschnitten
1 großer süßer Apfel, entkernt, in Spalten geschnitten
2 Rote Beten, gekocht, aus der Packung, in Scheiben geschnitten
1 rote Zwiebel, halbiert, in feine Ringe geschnitten
etwas Pflücksalat
essbare Blüten und Dill zum Garnieren

Für die Vinaigrette
3 EL Essig
1 EL Zitronensaft
ca. 5–6 EL Wasser
Salz, frisch gemahlener Pfeffer
½ TL gemahlener Kümmel
1 EL Olivenöl
1 EL Orangensirup (Seite 29)

Für den Orangenricotta
200 g Ricotta
1 EL Orangensirup
1 Prise Salz

1 Alle Zutaten der Vinaigrette in ein sauberes Schraubglas füllen und gut schütteln.

2 Die Zutaten für den Matjessalat, bis auf die Blüten und den Dill, vorsichtig in einer Schüssel mit der Vinaigrette vermischen und auf Teller verteilen.

3 Den Ricotta mit Orangensirup und Salz vermischen und als Kleckse auf dem Salat verteilen. Mit Blüten und Dill dekorieren.

Für Ceviche ist es total wichtig, dass der Fisch sehr frisch ist. Am besten fragt man den Fischhändler nach Sushiqualität. Der Fisch wird nur durch die Zugabe von Limettensaft »gegart«; dadurch denaturiert das Fischeiweiß.

Mango-Bananen-Ceviche

MIT SÜSSKARTOFFELCREME

30 Minuten
4 Portionen

Für die Ceviche
200 g helles, festfleischiges Fischfilet (z. B. Loup de mer oder Zander), in 1 cm große Würfel geschnitten
1 reife Mango, gewürfelt
1 kleine Banane, nicht sehr reif, gewürfelt
1 kleine rote Zwiebel, in feine Ringe geschnitten
1 rote Chilischote, entkernt, in feine Ringe geschnitten
½ Bund Petersilie, gehackt
Saft von 2 Limetten
4 EL Olivenöl
Mark von ½ Vanilleschote, ausgekratzt
1 TL Zucker
Meersalz, frisch gemahlener Pfeffer

Für die Süßkartoffelcreme
200 g Süßkartoffeln, grob gewürfelt
Salz
1 EL Sesamöl
Meersalz, frisch gemahlener Pfeffer

WOW, DAS GEHT SCHNELL!

1 Sämtliche Zutaten der Ceviche in eine Schüssel geben und gut vermischen. Dabei etwas von der Petersilie für die Garnitur zurückbehalten. Mit Zucker, Salz und Pfeffer abschmecken. Abgedeckt 10 Minuten im Kühlschrank ziehen lassen.

2 Die Süßkartoffeln in Salzwasser garen, bis sie weich sind. Das Wasser abgießen, aber noch ein klein bisschen davon im Topf lassen. Die Süßkartoffeln mit dem Sesamöl fein pürieren. Mit Meersalz und Pfeffer abschmecken.

3 Ceviche und Süßkartoffelcreme auf Tellern anrichten und mit der übrigen Petersilie garnieren.

Schnelle Pho-Suppe

MIT GEKOCHTEM SCHINKEN

20 Minuten
2 Portionen

2 Nester breite Reisnudeln
Weißweinessig
700 ml Rinderbrühe (Instant)
1 TL Zucker
1 EL Pflanzenöl
1 Knoblauchzehe, geschält, leicht zerdrückt
1 daumengroßes Stück Ingwer, geschält, in Scheiben geschnitten
1 Sternanis
1 Prise Zimt
3 Nelken
1 Stange Lauch, in Ringe geschnitten
1 kleine rote Zwiebel, halbiert, in Spalten geschnitten
2 braune Champignons, geviertelt
4 Scheiben gekochter Schinken
8 Zweige Koriander
1 rote Chilischote, entkernt, in feine Ringe geschnitten
2 TL Sambal Oelek
Saft von ½ Limette
2 EL Honig-Salz-Erdnüsse, gehackt

1 Die Reisnudeln in kochendem Wasser mit einem Schuss Essig etwa 4 Minuten garen. Abgießen, kalt abspülen und abtropfen lassen, dann in zwei große Schalen geben.

2 Die Rinderbrühe mit dem Zucker aufkochen. Das Öl in einer Pfanne erhitzen. Knoblauch, Ingwer, Sternanis, Zimt und Nelken darin anrösten. Zur Brühe geben und etwa 10 Minuten mitkochen. Dann die Brühe durch ein Sieb gießen und auf dem Herd warm halten.

3 Lauch, Zwiebel, Champignons und Schinken in die beiden Schalen verteilen. Mit der heißen Brühe übergießen und mit Korianderblättern, Chiliringen und Sambal Oelek garnieren. Zum Schluss mit Limettensaft beträufeln und mit den gehackten Erdnüssen bestreuen.

In Vietnam ist diese Suppe das beliebteste Frühstücksgericht. Allerdings wird die Brühe dort aus Knochen und Gewürzen gekocht, und es ist natürlich kein Schinken darin. Diese Variante geht dafür viel schneller und schmeckt trotzdem sehr lecker und frisch.

ZUM MISCHEN DES DRESSINGS KANN MAN AUCH EINFACH ALLE ZUTATEN IN EIN SAUBERES SCHRAUBGLAS GEBEN UND GUT SCHÜTTELN.

SHAKE IT!

Gefüllte Hackbällchen

MIT ERDBEER-RADICCHIO-SALAT

20 Minuten
4 Portionen

Für die Hackbällchen
600 g gemischtes Hackfleisch
1 Zwiebel, fein gewürfelt
4 EL Semmelbrösel
1 Ei
1 EL Senf
Salz, frisch gemahlener Pfeffer
100 g Camembert, klein gewürfelt
2 EL Cranberrymarmelade
4 EL Pflanzenöl

Für den Erdbeer-Radicchio-Salat
300 g Erdbeeren,
in Scheiben geschnitten
Mark von 1 Vanilleschote, ausgekratzt
Saft von 1 Orange
100 ml Olivenöl
1 TL Zucker
1 EL Ahornsirup
Salz, frisch gemahlener Pfeffer
1 Radicchio, klein gezupft

1 Das Hackfleisch mit Zwiebel, Semmelbröseln, Ei und Senf in eine große Schüssel geben. Kräftig mit Salz und Pfeffer würzen und mit den Händen gut verkneten. Mit angefeuchteten Händen etwa 10 kleine Bällchen formen. Jeweils in die Mitte der Bällchen mit dem Finger ein Loch drücken und mit einem kleinen Stück Camembert füllen. Darauf achten, dass sich das Stück ungefähr in der Mitte des Hackbällchens befindet. Einen kleinen Klecks Cranberrymarmelade auf den Käse geben und die Hackbällchen wieder verschließen. Das Öl in einer Pfanne erhitzen und die Bällchen rundherum etwa 5 Minuten braten.

2 Inzwischen für den Salat die Erdbeeren in eine Schüssel geben. Das Vanillemark dazugeben. Orangensaft, Olivenöl, Zucker, Ahornsirup, Salz und Pfeffer mit dem Schneebesen zu einem Dressing verrühren. Den Radicchio und das Dressing zu den Erdbeeren geben und alles vorsichtig vermischen, so dass die Erdbeeren nicht zerdrückt werden. Den Salat mit den Hackbällchen auf Tellern hübsch anrichten.

Danke

An Urs Hunziker, Verleger des AT Verlags. Eine glückliche Fügung hat uns zusammengebracht, und er hat zu »Sweet & salty« sofort Ja gesagt. Vielen Dank für das Vertrauen und den Mut. Wir hoffen, dass wir etwas zurückgeben können.

An alle Mitarbeiter des AT Verlags, die immer total hilfsbereit und nett waren, wenn es etwas zu besprechen gab.

An die Nachbarn der Kurfürstenstraße in Bonn, Susanne, Tino und Fabian. Ihr habt euch als Testesser zur Verfügung gestellt. Mutig von Euch! :-) Ihr seid sowieso die besten Nachbarn, die es gibt.

Danke, Jo, dass Du beim Shooting das meiste mit Genuss verputzt hast. Da wusste ich immer, es ist gut. Und danke, dass Du immer so guten Kaffee machst.

An unsere Familien, die uns geprägt, inspiriert und unterstützt haben.

Andrea Martens arbeitet und lebt in Bonn und blickt auf eine kreative Zeit in Werbeagenturen und Verlagen zurück. Ihre Passion ist seit Langem alles, was mit Essen und Trinken zu tun hat. Ob Verpackungsdesign, Rezeptbroschüren oder eben Kochbücher. Und da sie meistens die »Hütte« voller Gäste hat, ist sie süchtig nach neuen Rezepten, interessanten Zutaten und frischen Ideen. Am glücklichsten ist sie, wenn alle um ihren großen Tisch sitzen und es sich schmecken lassen. Mit dem Kölner Fotografen Jo Kirchherr verbindet sie seit Langem eine kreative Freundschaft, die auch mal gegenseitige Kritik verträgt. Sie sind ein eingespieltes Team und versuchen sich trotzdem bei jedem Fotoshooting neu zu erfinden.

Jo Kirchherr arbeitet und lebt in Köln. Seine Vorlieben sind Lifestyle-, Reise-, Werbe- und Foodfotografie. Im tiefsten Schwarzwald geboren, ist er mit einer schwäbischen Lässigkeit ausgestattet, die all seine Bilder ergreift, wenn es das Motiv erlaubt. Zu viel »Kopf« bringt einen bei Bildern manchmal nicht weiter. Das könnte man als seine Philosophie bezeichnen. Dazu braucht es aber das richtige Gefühl und daran mangelt es ihm nie. Dies wurde auch schon oft mit Preisen wie dem »Gourmand world cookbook award« belohnt.

Rezeptverzeichnis

Ende

ODER EINFACH WIEDER VON VORNE ANFANGEN ...